LES NOTIONS

DE

GRAMMAIRE

P. BOUCHER, Instituteur

CHARTRES
IMPRIMERIE GARNIER

SIMPLES NOTIONS

DE

GRAMMAIRE

Par P. BOUCHER, Instituteur.

CHARTRES

IMPRIMERIE DURAND FRÈRES, RUE DE L'HOSPICE.

—

1875

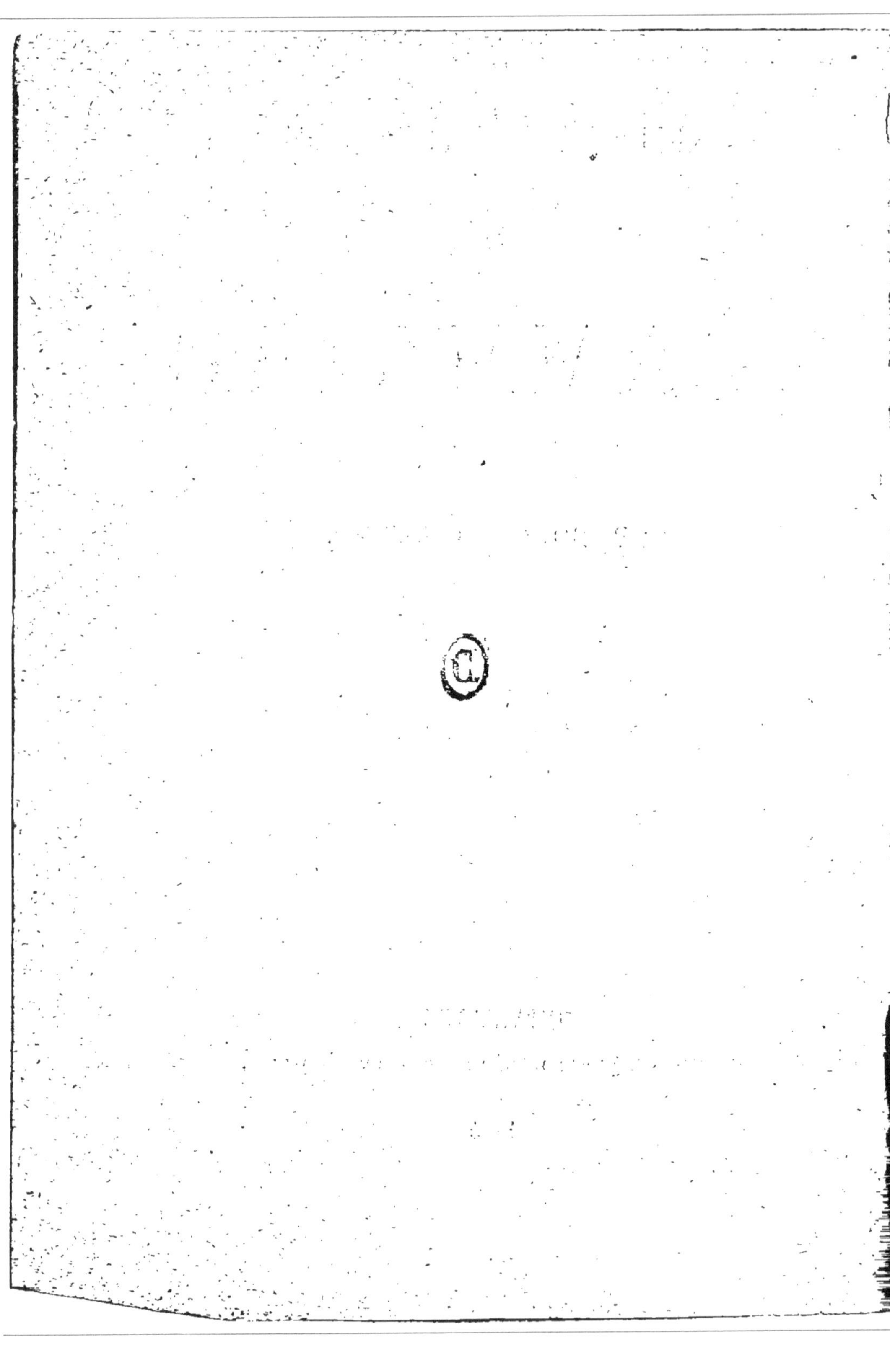

GRAMMAIRE

PREMIÈRE PARTIE

GRAMMAIRE

1 *Qu'est-ce que la grammaire?*

La grammaire est la science qui apprend à parler et à écrire correctement.

2 *De quoi se sert-on pour parler ou pour écrire?*

Pour parler et pour écrire on se sert de mots.

3 *De quoi sont composés les mots?*

Les mots sont composés de lettres.

4 *Combien y a-t-il de sortes de lettres?*

Il y a deux sortes de lettres, les voyelles et les consonnes.

5 *Quelles sont les voyelles?*

Les voyelles sont : a, e, i, o, u, y.

6 *Quelles sont les consonnes?*

Les consonnes sont : b, c, d, f, g, h, j, k, l, m, n. p, q, r, s, t, v, x, z.

7 *Combien y a-t-il de sortes d'e?*

Il y a trois sortes d'e : l'e muet, l'é fermé, l'è ouvert.

8 *Qu'est-ce que l'e muet?*

L'e muet est celui qu'on ne prononce pas, sur lequel il n'y a pas d'accent, comme dans fill*e*.

9 *Quest ce que l'é fermé?*

L'é fermé est celui qu'on prononce la bouche presque fermée. Il prend l'accent aigu seulement quand il termine une syllabe, comme dans bont*é*, pi*e*d.

10 *Qu'est-ce que l'è ouvert?*

L'è ouvert (ou ê) est celui qu'on prononce en appuyant dessus et desserrant les dents. Il prend l'accent grave ou l'accent circonflexe quand il termine une syllabe, comme dans fête.

11 *Combien y a-t-il de sortes d'h?*

Il y a deux sortes d'h : l'h muette et l'h aspirée.

12 *Qu'est-ce que l'h muette?*

L'h muette est celle qu'on ne prononce pas, comme dans l'*h*omme.

13 *Qu'est-ce que l'h aspirée?*

L'h aspirée est celle qu'on prononce, comme dans le *h*érisson.

14 *Qu'est-ce qu'une syllabe?*

On appelle syllabe une ou plusieurs lettres qu'on prononce par une seule émission de voix, comme *mon*.

15 *Combien y a-t-il d'espèces de mots?*

Il y a dix espèces de mots ; ce sont : le nom, l'article,

l'adjectif, le pronom, le verbe, le participe, la préposition, l'adverbe, la conjonction et l'interjonction.

16 *Qu'est-ce qu'un mot variable ?*

Un mot variable est celui qu'on écrit de plusieurs manières.

17 *Qu'est-ce qu'un mot invariable ?*

Un mot invariable est celui qu'on n'écrit que d'une seule manière.

18 *Quelles sont les espèces de mots variables ?*

Les espèces de mots variables sont : le nom, l'article, l'adjectif, le pronom, le verbe, le participe.

19 *Quelles sont les espèces de mots invariables ?*

Les espèces de mots invariables sont : la préposition, l'adverbe, la conjonction, l'interjection.

2e Leçon. — Du Nom.

20 *Qu'est-ce que le nom ?*

Le nom est le mot qui sert à désigner, à nommer les personnes et les choses.

21 *Combien y a-t-il de sortes de noms ?*

Il y a deux sortes de noms : le nom commun et le nom propre.

22 *Qu'est-ce que le nom commun ?*

Le nom commun est celui qui convient à toutes les personnes ou à toutes les choses de la même espèce, comme *table*.

23 *Qu'est-ce que le nom propre ?*

Le nom propre est celui qui ne convient pas à toutes les personnes ou à toutes les choses de la même espèce, mais s'applique plus spécialement à une ou à quelques-unes de ces personnes ou de ces choses. Le nom propre commence toujours par une majuscule, comme *Paul, Dreux*.

24 *Qu'est-ce que le nom collectif?*

Le nom collectif est celui qui, quoiqu'au singulier, désigne plusieurs personnes ou plusieurs choses, comme *armée*.

25 *Combien y a-t-il de genres?*

Il y a deux genres : le genre *masculin*, le genre *féminin*.

26 *Quels sont les mots qui indiquent le genre masculin?*

Les mots qui indiquent le genre masculin sont : *le, un*.

27 *Quels sont les mots qui indiquent le genre féminin?*

Les mots qui indiquent le genre féminin sont : *la, une*.

28 *Combien y a-t-il de nombres?*

Il y a deux nombres : le *singulier* et le *pluriel*.

29 *Quels sont les mots qui indiquent le nombre singulier?*

Les mots qui indiquent le nombre singulier (un seul objet) sont : *le, la, un, une*.

30 *Quels sont les mots qui indiquent le nombre pluriel?*

Les mots qui indiquent le nombre pluriel (plusieurs objets) sont : *les, des*.

3e Leçon. — **De l'Article.**

u   est-ce que l'article?

L'article est un mot que l'on met devant les noms et qui en fait connaître le genre et le nombre.

32 *Quels sont les articles simples ?*

Les articles simples sont : *le, la, les, un, une.*

33 *Quels sont les articles contractés?*

Les articles contractés sont : *au* mis pour *à le, aux* mis pour *à les, du* mis pour *de le, des* mis pour *de les.*

34 *Qu'est-ce que l'article élidé?*

L'article est élidé quand, devant un mot commençant par une voyelle ou par une h muette, on remplace e dans *le* et *a* dans *la* par une apostrophe, comme dans *l'ami* pour *le ami, l'amitié* pour *la amitié.*

4e Leçon. — **De l'Adjectif.**

35 *Qu'est-ce que l'adjectif?*

L'adjectif est un mot qui sert à qualifier ou à déterminer les personnes ou les choses.

36 *Combien y a-t-il de sortes d'adjectifs?*

Il y a deux sortes d'adjectifs qui sont : l'adjectif *qualificatif* et l'adjectif *déterminatif.*

37 *Qu'est-ce que l'adjectif qualificatif?*

L'adjectif qualificatif est un mot qui sert à indiquer les qualités, les défauts, la couleur, la forme des personnes ou des choses, comme bon, paresseux, bleu, rond.

38 *Comment reconnaît-on qu'un mot est un adjectif qualificatif?*

On reconnaît qu'un mot est un adjectif qualificatif quand on peut mettre devant *personne* ou *chose.*

39 *Avec quel mot se règle l'accord de l'adjectif qualificatif?*

L'adjectif qualificatif s'accorde en genre et en nombre avec le *nom* qu'il qualifie.

5ᵉ Leçon. — **Formation du Féminin dans les Adjectifs qualificatifs.**

40 *Quelle lettre termine généralement l'adjectif féminin?*

L'adjectif féminin doit être terminé par un *e muet*.

41 *Comment se forme en général le féminin dans les adjectifs qualificatifs?*

Pour former le féminin dans les adjectifs qualificatifs on ajoute un *e muet* à la fin, comme *grand, grande.*

42 *Comment se forme le féminin dans les adjectifs terminés au masculin par un e muet?*

Les adjectifs terminés au masculin par un *e muet* ne changent pas au féminin, comme *sage, utile.*

43 *Comment se forme le féminin dans les adjectifs terminés au masculin par el, eil, ien, yen, on, ot, et?*

Les adjectifs terminés au masculin par *el, eil, ien, yen, on, ot, et,* doublent la consonne finale avant d'ajouter l'*e muet*; comme continuel, qui fait continuelle; pareil, qui fait pareille; ancien, qui fait ancienne; moyen, qui fait moyenne; bon, qui fait bonne; muet, qui fait muette; sot, qui fait sotte. Il faut excepter complet, concret, discret, inquiet, replet, secret, suret, qui ne doublent pas la consonne *t*, mais prennent un *accent grave* sur l'*e* placé avant le *t*, comme complet, qui fait complète.

44 *Comment se forme le féminin dans les adjectifs terminés au masculin par f?*

Lec adjectifs terminés an masculin par *f* changent *f* en *ve* au féminin ; comme actif, qui fait active.

45 *Comment se forme le féminin dans les adjectifs terminés au masculin par x?*

Les adjectifs terminés au masculin par *x* changent *x* en *se* au féminin ; comme heureux, qui fait heureuse. Il faut excepter : doux, qui fait douce; roux, qui fait rousse; faux, qui fait fausse; préfix, qui fait préfixe.

46 *Comment se forme le féminin dans les adjectifs terminés au masculin par er ?*

Les adjectifs terminés au masculin par *er* prennent au féminin un accent grave sur l'*e* qui précède l'*r*, comme fier qui fait fière.

47 *Comment se forme le féminin dans les adjectifs terminés au masculin par c?*

Les adjectifs terminés au masculin par *c* changent *c* en *que* au féminin ; comme public qui fait publique. Il faut excepter : blanc qui fait blanche, franc qui fait franche, sec qui fait sèche, grec qui fait grecque.

48 *Quel est le féminin de gros, gras, épais, coi, favori, maître, traître, ivrogne, exprès, nul, gentil, vieux, tiers, frais, long, oblong, bénin, malin, fou, mou, beau, résous, nouveau, ambigu, exigu, contigu, etc.*

Gros fait au féminin grosse, gras fait grasse, épais fait épaisse, coi fait coite, favori fait favorite, maître fait maîtresse, traître fait traîtresse, ivrogne fait ivrognesse. exprès fait expresse, nul fait nulle, gentil fait gentille, vieux fait vieille, tiers fait tierce, frais fait fraîche, long fait longue, oblong fait oblongue, bénin fait bénigne, malin fait maligne, résous fait résolue, fou fait folle, mou fait molle, beau fait belle, nouveau fait nouvelle, ambigu fait ambiguë, exigu exiguë, contigu contiguë, etc.

49 *Comment se forme le féminin dans les adjectifs terminés au masculin par eur?*

Les adjectifs terminés au masculin par *eur* changent *eur* en *euse* au féminin ; comme joueur qui fait joueuse, excepté majeur, meilleur, mineur, etc., qui prennent un *e muet*.

50 *Les adjectifs suivants : bailleur, défendeur, demandeur, vendeur, chasseur, vengeur, n'ont-ils pas une autre terminaison que euse au féminin ?*

Oui : bailleur fait bailleresse (une femme qui loue des meubles ou immeubles) ; demandeur, défendeur font demanderesse, défenderesse (une femme qui plaide); vendeur fait venderesse (une femme qui vend des meubles ou immeubles); chasseur, vengeur font chasseresse, vengeresse (en poésie).

51 *Comment se forme le féminin dans les adjectifs terminés par teur?*

Les adjectifs terminés au masculin par *teur* changent *teur* en *teuse* s'ils viennent d'un participe présent, comme *menteur* qui vient de *mentant* fait *menteuse;* mais, s'ils ne viennent pas d'un participe présent, ils changent *teur* en *trice*, comme *protecteur,* qui ne vient pas de *protectant,* fait *protectrice.*

52 *Quelle remarque y a-t-il à faire sur les adjectifs témoin, fat, dispos, grognon, aquilin, châtain, ponceau, chef, agresseur?*

Les adjectifs témoin, fat, dispos, grognon, aquilin,

châtain, ponceau, chef, agresseur, s'écrivent au masculin comme au féminin.

53 *N'y a-t-il pas des noms qui ont aussi un féminin, et quelles règles suivent-ils?*

Certains noms ont un féminin. Ils suivent généralement les règles tracées pour les adjectifs qualificatifs; comme chien, chienne; lion, lionne; danseur, danseuse; berger, bergère.

Comte fait comtesse; roi, reine; duc, duchesse: paysan, paysanne; homme, femme; serviteur, servante; gouverneur, gouvernante; pécheur, pécheresse; empereur, impératrice; ambassadeur, ambassadrice, etc.

6ᵉ Leçon. — **Formation du Pluriel dans les Noms et les Adjectifs.**

54 *Comment se forme le pluriel dans les noms et les adjectifs qualificatifs?*

Pour former le pluriel dans les noms et dans les adjectifs qualificatifs, on ajoute s à la fin; comme le bon père, les bons pères.

55 *Comment se forme le pluriel dans les noms et dans les adjectifs terminés au singulier par s, x, z?*

Les noms terminés au singulier par s, x ou z ne changent pas au pluriel; comme le bois, les bois; la voix, les voix; le nez, les nez; un pain épais, des pains épais; un homme heureux, des hommes heureux.

56 *Comment se forme le pluriel dans les noms et dans les adjectifs terminés au singulier par au ou par eu?*

Les noms terminés au singulier par *au* ou par *eu* prennent x au pluriel; comme le chameau, les chameaux; le cheveu, les cheveux; excepté *landau* qui fait *landau, bleu* qui fait bleus.

57 *Comment se forme le pluriel dans les noms et les adjectifs terminés au singulier par al?*

Les noms terminés au singulier par *al* changent *al* en *aux;* comme le mal, les maux; excepté *bal, carnaval, chacal, nopal, pal, régal, serval, cal, aval, cantal,* qui prennent *s;* comme le bal, les bals.

58 *Comment se forme le pluriel dans les noms terminés par ail?*

Les noms terminés par *ail* changent *ail* en *aux;* comme le bail, les baux. Il faut excepter *détail, éventail, portail, gouvernail, attirail;* qui prennent *s;* comme le *détail,* les *détails.*

59 *Comment se forme le pluriel dans les noms terminés au singulier par ou?*

Les noms terminés au singulier par *ou* prennent *s* au pluriel; comme le sou, les sous. Il faut excepter *bijou, caillou, chou, genou, hibou, joujou, pou,* qui prennent *x;* comme le *bijou,* les *bijoux.*

60 *Quelle remarque y a-t-il à faire sur le pluriel des noms et adjectifs terminés au singulier par ant ou par ent?*

Les noms et les adjectifs terminés au singulier par *ant* ou par *ent* conservent le *t* final au pluriel; comme un *enfant prudent,* des *enfants prudents;* excepté *gent* qui fait *gens.*

7e Leçon. — Adjectif Déterminatif.

61 *Qu'est-ce que l'adjectif déterminatif?*

L'adjectif déterminatif est celui qui détermine le nom qu'il précéde.

62 *Avec quel mot s'accorde l'adjectif déterminatif?*

L'adjectif déterminatif s'accorde en genre et en nombre avel le nom qu'il détermine.

63 *Combien y a-t-il de sortes d'adjectifs déterminatifs?*

Il y a 4 sortes d'adjectifs déterminatifs ; ce sont : les adjectifs possessifs, les adjectifs démonstratifs, les adjectifs numéraux et les adjectifs indéfinis.

64 *Qu'est-ce que l'adjectif possessif?*

L'adjectif possessif est celui qui détermine le nom en y ajoutant une idée de possession.

65 *Quels sont les adjectifs possessifs?*

Les adjectifs possessifs sont : *mon, ton, son, notre, votre, leur,* pour le masculin singulier ; *ma, ta, sa, notre, votre, leur,* pour le féminin singulier ; *mes, tes, ses, nos, vos, leurs,* pour le pluriel des deux genres. On emploie *mon, ton, son,* pour *ma, ta sa,* devant un nom féminin commençant par une voyelle ou une *h* muette.

66 *Qu'est-ce que l'adjectif démonstratif?*

L'adjectif démonstratif est celui qui détermine le nom en y ajoutant une idée d'indication.

67 *Quels sont les adjectifs démonstratifs?*

Les adjectifs démonstratifs sont : *ce, cet,* pour le masculin singulier ; *cette,* pour le féminin singulier, *ces,* pour le pluriel des deux genres.

68 *Qu'est-ce que l'adjectif numéral?*

L'adjectif numéral est celui qui détermine le nom en y ajoutant une idée de nombre, de rang.

69 *Combien y a-t-il de sortes d'adjectifs numéraux?*

Il y a deux sortes d'adjectifs numéraux ; ce sont :

1° Les adjectifs numéraux cardinaux ; 2° les adjectifs numéraux ordinaux.

70 *Quels sont les adjectifs numéraux cardinaux ?*

Les adjectifs numéraux cardinaux sont : *un, deux, trois, etc.*

71 *Quels sont les adjectifs numéraux ordinaux ?*

Les adjectifs numéraux ordinaux sont : *premier, deuxième, troisième, quatrième, etc.*

72 *Qu'est-ce que l'adjectif indéfini ?*

L'adjectif indéfini est celui qui détermine le nom en y ajoutant une idée vague, indéfinie.

73 *Quels sont les adjectifs indéfinis ?*

Les adjectifs indéfinis sont : *chaque, tout, tel, nul, quelque, quel, aucun, plusieurs, quelconque, même, certain, maint.*

8ᵉ Leçon. — **Du Pronom.**

74 *Qu'est ce que le pronom ?*

Le pronom est un mot qui tient la place du nom.

75 *Avec quel mot s'accorde le pronom ?*

Le pronom s'accorde en genre et en nombre avec le nom qu'il représente.

76 *Combien y a-t-il de sortes de pronoms ?*

Il y a cinq sortes de pronoms : les *pronoms personnels,* les *pronoms possessifs,* les *pronoms démonstratifs,* les *pronoms relatifs* et les *pronoms indéfinis.*

77 *Combien y a-t-il de personnes ?*

Il y a 3 personnes.

78 *Qu'est-ce que la 1re personne ?*

La 1re personne est celle qui parle ; elle est représentée par les pronoms *je, me, moi, nous.*

79 *Qu'est-ce que la 2e personne ?*

La 2e personne est celle à qui l'on parle ; elle est représentée par les pronoms *tu, te, toi, vous.*

80 *Qu'est-ce que la 3e personne ?*

La 3e personne est celle de qui l'on parle ; elle est représentée par les pronoms *il, elle, ils, elles, lui, se, soi, en, y, le, la, les, leur.*

81 *Quels sont les pronoms personnels ?*

Les pronoms personnels sont : *je, me, moi, nous, tu, te, toi, vous, il, elle, ils, elles, lui, se, soi, en, y, le, la, les, leur. Le, la, les, leur,* ne sont pronoms que devant un verbe.

82 *Pourquoi les pronoms personnels sont-ils ainsi nommés ?*

Les pronoms personnels sont ainsi nommés parce qu'ils représentent plus spécialement les personnes.

83 *Quels sont les pronoms possessifs ?*

Les pronoms possessifs sont : *le mien, le tien, le sien, le nôtre, le vôtre, le leur,* pour le masculin singulier ; *la mienne, la tienne, la sienne, la nôtre, la vôtre, la leur,* pour le féminin singulier ; *les miens, les tiens, les siens, les nôtres, les vôtres, les leurs,* pour le masculin pluriel ; *les miennes, les tiennes, les siennes, les nôtres, les vôtres, les leurs,* pour le féminin pluriel.

84 *Pourquoi les pronoms possessifs sont-ils ainsi nommés ?*

Les pronoms possessifs sont ainsi nommés parce qu'ils rappelle la possession.

85 *Quels sont les pronoms démonstratifs ?*

Les pronoms démonstratifs sont : *ce, celui, celui-ci, celui-là, ceci, cela,* pour le masculin singulier ; *celle, celle-ci, celle-là, ceci, cela,* pour le féminin singulier ; *ceux, ceux-ci, ceux-là,* pour le masculin pluriel ; *celles, celles-ci, celles-là,* pour le féminin pluriel.

86 *Pourquoi les pronoms démonstratifs sont ils ainsi nommés ?*

Les pronoms démonstratifs sont ainsi nommés parce qu'ils montrent, pour ainsi dire, les *objets* qu'ils représentent.

87 *Quels sont les pronoms relatifs ?*

Les pronoms relatifs sont : *qui, que, quoi, lequel, laquelle, dont, etc.*

88 *Pourquoi les pronoms relatifs sont ils ainsi nommés ?*

Les pronoms relatifs sont ainsi nommés parce qu'ils sont en relation avec un mot qui précède.

89 *Quels sont les pronoms indéfinis ?*

Les pronoms indéfinis sont : *on, chacun, personne, l'un, l'autre, autrui, etc.*

90 *Pourquoi les pronoms indéfinis sont-ils ainsi nommés ?*

Les pronoms indéfinis sont ainsi nommés parce qu'ils désignent d'une manière vague les objets qu'ils représentent.

9ᵉ Leçon. — **Du Verbe.**

91 *Qu'est-ce que le verbe ?*

Le verbe est un mot qui rapporte au sujet l'état ou l'action exprimée par l'attribut.

92 *Comment reconnaît-on un verbe?*

On reconnaît un verbe quand on peut mettre devant un pronom personnel.

93 *Comment reconnaît-on le sujet d'un verbe?*

Le *sujet* d'un verbe répond à la question *qui est-ce qui?* faite avant le verbe; comme : *Paul travaille. Qui est-ce qui travaille? Paul. Paul* est le *sujet* du verbe *travailler*.

94 *Comment reconnaît-on le régime direct d'un verbe?*

Le régime *direct* d'un verbe répond à la question *qui?* ou *quoi?* faite après le verbe; comme : *Paul apprend sa leçon. Paul apprend quoi? Sa leçon. Leçon* est le *régime direct* du verbe *apprendre*.

95 *Comment reconnaît-on le régime indirect d'un verbe?*

Le régime *indirect* d'un verbe répond à l'une des questions *à qui? à quoi? de qui? de quoi? par qui? par quoi?* etc., comme : *Donnez aux pauvres. Donnez à qui? Aux pauvres. Pauvres* est le *régime indirect* du verbe *donner*.

96 *Comment reconnaît-on le régime circonstanciel d'un verbe?*

Le régime *circonstanciel* répond à l'une des questions *où? quand? combien? pourquoi?* comme : *Je viendrai demain, Je viendrai quand? Demain. Demain* est le *régime circonstanciel* du verbe *venir*.

97 *Quelle différence faites-vous dans l'emploi des mots régime et complément?*

Le mot *régime* est plus spécialement adopté pour les verbes. Quant aux autres espèces de mots, ils ont des *compléments*. Lorsque deux noms se suivent ou sont joints par une préposition, le deuxième nom est le complément du premier, comme *homme de bien, bien* est le complément de *homme*.

10ᵉ Leçon. — Espèces de Verbes.

98 *Combien y a-t-il d'espèces de verbes?*

Il y a deux espèces de verbes : Le verbe *substantif* et les verbes *attributifs*.

99 *Quels sont les verbes substantifs?*

Il n'y a qu'un seul verbe *substantif*, c'est le verbe *être*.

100 *Quels sont les verbes attributifs?*

Il y a cinq sortes de verbes attributifs ; ce sont : le verbe *actif*, le verbe *neutre*, le verbe *passif*, le verbe *pronominal* et le verbe *impersonnel*.

101 *Qu'est-ce que les verbes auxiliaires?*

Les verbes *auxiliaires* sont ceux qui servent à conjuguer les autres ; ce sont les verbes *avoir* et *être*.

102 *Qu'est-ce que le verbe actif?*

Le verbe *actif* est celui qui rapporte au sujet une action faite par ce sujet, qui peut avoir un régime direct et après lequel on peut mettre quelqu'un ou quelque chose. Ainsi *aimer* est un verbe *actif* parce qu'on peut dire : *Aimer quelqu'un.*

103 *Qu'est-ce que le verbe neutre?*

Le verbe *neutre* est celui qui rapporte au sujet une action faite par ce sujet, mais qui ne peut avoir de régime direct et après lequel on ne peut mettre quelqu'un ou quelque chose. Ainsi *mourir* est un verbe *neutre*, parce qu'on ne peut dire *mourir* quelqu'un ni *mourir* quelque chose.

104 *Qu'est-ce que le verbe passif ?*

Le verbe *passif* est celui qui rapporte au sujet une action reçue, soufferte par ce sujet. Il a un régime indirect et est accompagné d'une des prépositions *à, de, par.* L'homme *a été créé* par Dieu. Le verbe *être créé* est un verbe *passif.*

105 *Qu'est-ce que le verbe pronominal ?*

Le verbe *pronominal* ou *réfléchi* est celui qui rapporte au sujet une action qui retombe et se réfléchit sur le sujet lui-même. Il se conjugue avec deux pronoms de la même personne. *Je me* promène. Le verbe *se promener* est un verbe *pronominal.*

106 *Qu'est-ce que le verbe impersonnel ?*

Le verbe *impersonnel* ou *unipersonnel* est celui qui ne s'emploie dans tous ses temps qu'à la 3e personne du singulier avec le pronom *il* pour sujet apparent. *Il pleut, il neige.*

11e Leçon. — Des Modes.

107 *Qu'est-ce que le mode ?*

Le mode est la forme que prend le verbe pour indiquer de quelle manière sont présentés l'état ou l'action.

108 *Combien y a-t-il de sortes de modes ?*

Il y a deux sortes de modes : le mode *personnel* et le mode *impersonnel.*

109 *Qu'appelle-t-on mode personnel ?*

On appelle mode personnel celui qui admet la différence des personnes. Il peut être joint aux pronoms personnels.

110 *Qu'appelle-t-on mode impersonnel ?*

On appelle mode impersonnel celui qui n'admet pas la différence des personnes.

1°. — MODES PERSONNELS

111 *Quels sont les modes personnels ?*

Les modes personnels sont : l'indicatif, le conditionnel, l'impératif et le subjonctif.

112 *Qu'est-ce que le mode indicatif ?*

Le mode indicatif est celui qui exprime ou l'existence ou l'action d'une manière certaine, positive, absolue.

113 *Qu'est-ce que le mode conditionnel ?*

Le mode conditionnel est celui qui exprime l'existence ou l'action sous la dépendance d'une condition.

114 *Qu'est-ce que le mode impératif ?*

Le mode impératif est celui qui exprime l'existence ou l'action avec commandement, exhortation, désir.

115 *Qu'est-ce que le mode subjonctif ?*

Le mode subjonctif est celui qui exprime l'existence ou l'action comme dépendante d'une action exprimée par un autre verbe.

2°. — MODE IMPERSONNEL

116 *Quels sont les modes impersonnels ?*

Il n'y a qu'un seul mode impersonnel ; c'est l'infinitif.

117 *Qu'est-ce que le mode infinitif ?*

Le mode infinitif est celui qui exprime l'existence ou l'action d'une manière indéfinie, sans désignation de nombre ni de personne. — L'infinitif n'a pas de sujet ; il peut être sujet ou régime.

12ᵉ Leçon. — Des Temps.

118 *Qu'est-ce que le temps ?*

Le temps est la forme que prend le verbe pour indiquer à quelle époque se rapportent l'état ou l'action.

119 *Comment divise-t-on les temps ?*

On divise les temps en trois classes : passé, présent, futur.

120 *Qu'exprime le passé?*

Le passé exprime une action passée.

121 *Qu'exprime le présent?*

Le présent exprime une action ayant lieu au moment de la parole.

122 *Qu'exprime le futur ?*

Le futur exprime une action à venir.

123 *Qu'appelle-t-on temps simples ?*

On appelle temps simples ceux qui se conjuguent sans le secours des verbes auxiliaires.

124 *Qu'appelle-t-on temps composés ?*

On appelle temps composés ceux qui se conjuguent avec le secours des verbes auxiliaires.

125 *Quels sont les temps du mode indicatif?*

Les temps du mode indicatif sont : le présent, l'imparfait, le passé défini, le passé indéfini, le passé antérieur, le plus-que-parfait, le futur absolu et le futur relatif.

126 *Quels sont les temps du mode conditionnel?*

Les temps du mode conditionnel sont : le présent, le passé 1re forme, le passé 2e forme.

127 *Quels sont les temps du mode impératif?*

Le seul temps du mode impératif est le présent ou futur.

128 *Quels sont les temps du mode subjonctif?*

Les temps du mode subjonctif sont : le présent, l'imparfait, le passé, le plus-que-parfait.

129 *Quels sont les temps du mode infinitif?*

Les temps du mode infinitif sont : le présent, le passé, le participe présent, le participe passé, le futur.

13e Leçon. — Emploi des Temps.

OBSERVATION. — Les règles que je vais donner sur l'emploi des temps sont loin d'être générales ; mais elles m'ont paru suffisantes pour les enfants auxquels elles sont destinées.

130 *Qu'exprime le présent de l'indicatif?*

Le présent de l'indicatif exprime une action habituelle ou ayant lieu au moment de la parole.

131 *Qu'exprime l'imparfait?*

L'imparfait exprime une action passée, mais qui s'est faite en même temps qu'une autre action aussi passée.

132 *Qu'exprime le passé défini?*

Le passé défini exprime une action qui a eu lieu dans un temps précisé et entièrement écoulé.

133 *Qu'exprime le passé indéfini ?*

Le passé indéfini exprime une action qui a eu lieu dans un temps non précisé ou non écoulé.

134 *Qu'exprime le passé antérieur ?*

Le passé antérieur exprime une action passée, qui s'est faite immédiatement avant une autre action également passée.

135 *Qu'exprime le plus-que-parfait?*

Le plus-que-parfait exprime une action passée qui ne s'est pas faite immédiatement avant une autre action également passée.

136 *Qu'exprime le futur absolu ?*

Le futur absolu exprime une action à venir.

137 *Qu'exprime le futur relatif?*

Le futur relatif marque que la chose sera faite lorsqu'une autre, qui n'est pas encore, aura lieu.

138 *Qu'exprime le conditionnel présent?*

Le présent du conditionnel exprime une action à venir dont l'accomplissement est subordonné à une condition.

139 *Qu'expriment les passés du conditionnel?*

Les deux passés du conditionnel expriment une action qui aurait eu lieu moyennant une condition.

140 *Quand emploie-t-on le premier passé?*

Le premier passé du conditionnel s'emploie généralement après l'imparfait de l'indicatif.

141 *Quand emploie-t-on le deuxième passé?*

Le deuxième passé s'emploie après le passé antérieur.

142 *Qu'exprime l'impératif?*

L'impératif exprime le commandement, l'exhortation, le désir.

143 *Quand emploie-t-on le présent du subjonctif?*

On emploie le présent du subjonctif après le présent ou le futur absolu de l'indicatif.

144 *Quand emploie-t-on l'imparfait du subjonctif?*

On emploie l'imparfait du subjonctif après l'imparfait de l'indicatif et le conditionnel présent.

145 *Quand emploie-t-on le passé du subjonctif?*

On emploie le passé du subjonctif après le passé défini, le passé indéfini ou le futur relatif.

146 *Quand emploie-t-on le plus-que-parfait?*

On emploie le plus-que-parfait du subjonctif après le

plus-que-parfait de l'indicatif ou les passés du conditionnel.

14ᵉ Leçon. — De la Conjugaison.

147 *Qu'est-ce que conjuguer un verbe ?*

Conjuguer un verbe, c'est indiquer tous les changements qui lui sont apportés par le mode, le temps, la personne, le nombre ; c'est faire connaître toutes les formes sous lesquelles le verbe peut se présenter.

148 *Combien y a-t-il de conjugaisons ?*

Il y a dans les verbes quatre conjugaisons :

La première est terminée à l'infinitif par *er*, comme *aimer*.

La deuxième est terminée à l'infinitif par *ir*, comme *finir*.

La troisième est terminée à l'infitif par *oir*, comme *recevoir*.

La quatrième est terminée à l'infinitif par *re*, comme *rendre*.

149 *Q'appelle-t-on radical d'un verbe ?*

On appelle *radical* d'un verbe la partie de ce verbe qui ne change pas dans le cours de la conjugaison ; ainsi le radical de aimer est *aim*, celui de finir est *fin*, celui de recevoir est *recev*, celui de rendre est *rend*.

150 *Qu'appelle t-on terminaison d'un verbe ?*

On appelle *terminaison* d'un verbe la partie de ce verbe qui change dans le cours de la conjugaison ; ainsi la terminaison de aimer est *er*, celle de finir est *ir*, celle de recevoir est *oir*, celle de rendre est *re*.

151 *Qu'appelle-t-on verbes réguliers ?*

On appelle verbes réguliers ceux qui, dans leur conjugaison, suivent les règles communes.

152 *Qu'appelle-t-on verbes irréguliers ?*

On appelle verbes irréguliers ceux qui, dans leur conjugaison, ne suivent pas les règles communes mais s'emploient à tous les modes, à tous les temps, à toutes les personnes.

153 *Qu'appelle-t-on verbes défectifs ?*

On appelle verbes défectifs ceux qui ne s'emploient pas, soit à tous les modes, soit à tous les temps, soit à toutes les personnes.

15ᵉ Leçon. — Temps primitifs, Temps dérivés.

154 *Qu'est-ce que les temps primitifs ?*

Les temps primitifs sont ceux qui servent à former les autres temps.

155 *Qu'est-ce que les temps dérivés ?*

Les temps dérivés sont ceux qui sont formés par les temps primitifs.

156 *Quels sont les temps primitifs ?*

Les temps primitifs, au nombre de cinq, sont : l'infinitif présent, le participe présent, le participe passé, l'indicatif présent et le passé défini.

157 *Quels sont les temps formés par l'infinitif présent ?*

L'infinitif présent forme 2 temps :

1º Le futur absolu, en changeant *r*, *oir*, *re*, en *rai*; comme aimer j'aimerai, finir je finirai, recevoir je recevrai, rendre je rendrai.

2º Le conditionnel présent, en ajoutant *s* au futur absolu ; comme j'aimerai j'aimerais, je finirai je finirais, je recevrai je recevrais, je rendrai je rendrais.

158 *Quels sont les temps formés par le participe présent ?*

Le participe présent forme 3 temps :

1º Les trois personnes pluriel de l'indicatif présent en changeant *ant* en *ont*, *ez*, *ent;* comme aimant nous aimons, aimant vous aimez, aimant ils aiment.

2º L'imparfait de l'indicatif en changeant *ant* en *ais;* comme finissant je finissais.

3º Le subjonctif présent en changeant *ant* en *e* muet ; comme rendant que je rende.

159 *Quels sont les temps formés par le participe passé ?*

Le participe passé, avec l'aide des verbes auxiliaires, forme tous les temps composés.

160 *Quels sont les temps formés par l'indicatif présent ?*

L'indicatif présent forme l'impératif en retranchant le pronom ; comme j'aime aime.

161 *Quels sont les temps formés par le passé défini ?*

La deuxième personne du singulier du passé défini forme l'imparfait du subjonctif ; en ajoutant *se*, comme tu aimas que j'aimasse.

162   16ᵉ ʟᴇçᴏɴ. — **Temps primitifs.**

INFINITIF PRÉSENT.	PARTICIPE PRÉSENT.	PARTICIPE PASSÉ.	INDICATIF PRÉSENT.	PASSÉ DÉFINI 2ᵉ PERS.
Aimer	Aimant	Aimé	J'aime	Tu aimas
Finir	Finissant	Fini	Je finis	Tu finis
Recevoir	Recevant	Reçu	Je reçois	Tu reçus
Rendre	Rendant	Rendu	Je rends	Tu rendis
Aller	Allant	Allé	Je vais	Tu allas
Envoyer	Envoyant	Envoyé	J'envoie	Tu envoyas
Assaillir				
Acquérir	Acquérant	Acquis	J'acquiers	Tu acquis
Bouillir	Bouillant	Bouilli	Je bous	Tu bouillis
Courir	Courant	Couru	Je cours	Tu courus
Cueillir	Cueillant	Cueilli	Je cueille	Tu cueillis
Dormir	Dormant	Dormi	Je dors	Tu dormis
Faillir	Faillant	Failli	Je faux	Tu faillis
Fuir	Fuyant	Fui	Je fuis	Tu fuis
Gésir	Gisant		Il gît	
Guérir	Guérissant	Guéri	Je guéris	Tu guéris
Mentir	Mentant	Menti	Je mens	Tu mentis
Mourir	Mourant	Mort	Je meurs	Tu mourus
Offrir	Offrant	Offert	J'offre	Tu offris
Ouvrir	Ouvrant	Ouvert	J'ouvre	Tu ouvris
Partir	Partant	Parti	Je pars	Tu partis
Sentir	Sentant	Senti	Je sens	Tu sentis
Sortir	Sortant	Sorti	Je sors	Tu sortis
Souffrir	Souffrant	Souffert	Je souffre	Tu souffris
Tenir	Tenant	Tenu	Je tiens	Tu tins
Tressaillir	Tressaillant	Tressailli	Je tressaille	Tu tressaillis
Venir	Venant	Venu	Je viens	Tu vins
Vêtir	Vêtant	Vêtu	Je vêts	Tu vêtis
Choir				
Déchoir		Déchu	Je déchois	Tu déchus
Echoir	Echéant	Echu	Il échoit	Tu échus
Falloir		Fallu	Il faut	Il fallut

INFINITIF PRÉSENT.	PARTICIPE PRÉSENT.	PARTICIPE PASSÉ.	INDICATIF PRÉSENT.	PASSÉ DÉFINI 2e PERS.
Mouvoir	Mouvant	Mù	Je meus	Tu mus
Pleuvoir	Pleuvant	Plu	Il pleut	Il plut
Pourvoir	Pourvoyant	Pourvu	Je pourvois	Tu pourvus
Pouvoir	Pouvant	Pu	Je puis	Tu pus
Prévaloir	Prévalant	Prévalu	Je prévaux	Tu prévalus
Ravoir				
S'asseoir	S'asseyant	Assis	Je m'assieds	Tu t'assis
Savoir	Sachant	Su	Je sais	Tu sus
Valoir	Valant	Valu	Je vaux	Tu valus
Voir	Voyant	Vu	Je vois	Tu vis
Vouloir	Voulant	Voulu	Je veux	Tu voulus
Absoudre	Absolvant	Absous	J'absous	
Battre	Battant	Battu	Je bats	Tu battis
Boire	Buvant	Bu	Je bois	Tu bus
Braire			Il brait	
Bruire	Bruyant			
Circoncire	Circoncisant	Circoncis	Je circoncis	Tu circoncis
Clore		Clos	Je clos	
Conclure	Concluant	Conclu	Je conclus	Tu conclus
Confire	Confisant	Confit	Je confis	Tu confis
Coudre	Cousant	Cousu	Je couds	Tu cousis
Croire	Croyant	Cru	Je crois	Tu crus
Croître	Croissant	Crù	Je crois	Tu crûs
Dire	Disant	Dit	Je dis	Tu dis
Eclore		Eclos	Il éclôt	
Ecrire	Ecrivant	Ecrit	J'écris	Tu écrivis
Exclure	Excluant	Exclu	J'exclus	Tu exclus
Faire	Faisant	Fait	Je fais	Tu fis
Frire		Frit	Je fris	
Joindre	Joignant	Joint	Je joins	Tu joignis
Lire	Lisant	Lu	Je lis	Tu lus
Luire	Luisant	Lui	Je luis	
Malfaire				
Maudire	Maudissant	Maudit	Je maudis	Tu maudis

INFINITIF PRÉSENT.	PARTICIPE PRÉSENT.	PARTICIPE PASSÉ.	INDICATIF PRÉSENT.	PASSÉ DÉFINI 2e PERS.
Mettre	Mettant	Mis	Je mets	Tu mis
Moudre	Moulant	Moulu	Je mouds	Tu moulus
Naître	Naissant	Né	Je nais	Tu naquis
Nuire	Nuisant	Nui	Je nuis	Tu nuisis
Paître	Paissant		Je pais	
Répondre	Répondant	Répondu	Je réponds	Tu répondis
Résoudre	Résolvant	Résolu	Je résous	Tu résolus
Rire	Riant	Ri	Je ris	Tu ris
Rompre	Rompant	Rompu	Je romps	Tu rompis
Prendre	Prenant	Pris	Je prends	Tu pris
Suffire	Suffisant	Suffi	Je suffis	Tu suffis
Suivre	Suivant	Suivi	Je suis	Tu suivis
Taire	Taisant	Tu	Je tais	Tu tus
Traire	Trayant	Trait	Je trais	
Vaincre	Vainquant	Vaincu	Je vincs	Tu vainquis
Vivre	Vivant	Vécu	Je vis	Tu vécus

17e Leçon. — Conjugaison des verbes auxiliaires.

163 *Conjuguez le verbe auxiliaire* AVOIR.

164 *Conjuguez le verbe auxiliaire* ÊTRE.

Verbe AVOIR. — **Verbe ÊTRE.**

1º INDICATIF PRÉSENT.

Verbe AVOIR	Verbe ÊTRE
J'ai	Je suis.
Tu as.	Tu es.
Il a.	Il est.
Nous avons.	Nous sommes.
Vous avez.	Vous êtes.
Ils ont.	Ils sont.

2º IMPARFAIT.

Verbe AVOIR	Verbe ÊTRE
J'avais.	J'étais.
Tu avais.	Tu étais.
Il avait.	Il était.
Nous avions.	Nous étions.
Vous aviez.	Vous étiez.
Ils avaient.	Ils étaient.

3º PASSÉ DÉFINI.

Verbe AVOIR	Verbe ÊTRE
J'eus.	Je fus.
Tu eus.	Tu fus.
Il eut.	Il fut.
Nous eûmes.	Nous fûmes.
Vous eûtes.	Vous fûtes.
Ils eurent.	Ils furent.

Verbe AVOIR. | **Verbe ÊTRE.**

4° PASSÉ INDÉFINI.

J'ai eu.	J'ai été.
Tu as eu.	Tu as été.
Il a eu.	Il a été.
Nous avons eu.	Nous avons été.
Vous avez eu.	Vous avez été.
Ils ont eu.	Ils ont été.

5° PASSÉ ANTÉRIEUR.

J'eus eu.	J'eus été.
Tu eus eu.	Tu eus été.
Il eut eu.	Il eut été.
Nous eûmes eu.	Nous eûmes été.
Vous eûtes eu.	Vous eûtes été.
Ils eurent eu.	Ils eurent été.

6° PLUS-QUE-PARFAIT.

J'avais eu.	J'avais été.
Tu avais eu.	Tu avais été.
Il avait eu.	Il avait été.
Nous avions eu.	Nous avions été.
Vous aviez eu.	Vous aviez été.
Ils avaient eu.	Ils avaient été.

7° FUTUR ABSOLU.

J'aurai.	Je serai.
Tu auras.	Tu seras.
Il aura.	Il sera.
Nous aurons.	Nous serons.
Vous aurez.	Vous serez.
Ils auront.	Ils seront.

Verbe AVOIR. | **Verbe ÊTRE.**

8° FUTUR RELATIF.

J'aurai eu.	J'aurai été.
Tu auras eu.	Tu auras été.
Il aura eu.	Il aura été.
Nous aurons eu.	Nous aurons été.
Vous aurez eu.	Vous aurez été.
Ils auront eu.	Ils auront été.

9° CONDITIONNEL PRÉSENT.

J'aurais.	Je serais.
Tu aurais.	Tu serais.
Il aurait.	Il serait.
Nous aurions.	Nous serions.
Vous auriez.	Vous seriez.
Ils auraient.	Ils seraient.

10° CONDITIONNEL PASSÉ 1re FORME.

J'aurais eu.	J'aurais été.
Tu aurais eu.	Tu aurais été.
Il aurait eu.	Il aurait été.
Nous aurions eu.	Nous aurions été.
Vous auriez eu.	Vous auriez été.
Ils auraient eu.	Ils auraient été.

11° CONDITIONNEL PASSÉ 2e FORME.

J'eusse eu.	J'eusse été.
Tu eusses eu.	Tu eusses été.
Il eût eu.	Il eût été.
Nous eussions eu.	Nous eussions été.
Vous eussiez eu.	Vous eussiez été.
Ils eussent eu.	Ils eussent été.

Verbe AVOIR. | **Verbe ÊTRE.**

12° IMPÉRATIF.

Avoir	Être
Aie.	Sois.
Ayons.	Soyons.
Ayez.	Soyez.

13° SUBJONCTIF PRÉSENT OU FUTUR.

Avoir	Être
Que j'aie.	Que je sois.
Que tu aies.	Que tu sois.
Qu'il ait.	Qu'il soit.
Que nous ayons.	Que nous soyons.
Que vous ayez.	Que vous soyez.
Qu'ils aient.	Qu'ils soient

14° IMPARFAIT.

Avoir	Être
Que j'eusse.	Que je fusse.
Que tu eusses.	Que tu fusses.
Qu'il eût.	Qu'il fût.
Que nous eussions.	Que nous fussions.
Que vous eussiez.	Que vous fussiez.
Qu'ils eussent.	Qu'ils fussent.

15° PASSÉ

Avoir	Être
Que j'aie eu.	Que j'aie été.
Que tu aies eu.	Que tu aies été.
Qu'il ait eu.	Qu'il ait été.
Que nous ayons eu.	Que nous ayons été.
Que vous ayez eu.	Que vous ayez été.
Qu'ils aient eu.	Qu'ils aient été.

<table>
<tr><td align="center">Verbe AVOIR.</td><td></td><td align="center">Verbe ÊTRE.</td></tr>
</table>

16° PLUS-QUE-PARFAIT.

Verbe AVOIR		Verbe ÊTRE
Que j'eusse eu.		Que j'eusse été.
Que tu eusses eu.		Que tu eusses été.
Qu'il eût eu.		Qu'il eût été.
Que nous eussions eu.		Que nous eussions été.
Que vous eussiez eu.		Que vous eussiez été.
Qu'ils eussent eu.		Qu'ils eussent été.

17° INFINITIF PRÉSENT.

Avoir.		Être.

18° PASSÉ

Avoir eu.		Avoir été.

19° PARTICIPE PRÉSENT.

Ayant.		Étant.

20° PARTICIPE PASSÉ.

Eu, eue, ayant eu.		Été, ayant été.

21° FUTUR.

Devant avoir.		Devant être.

18ᵉ Leçon. — Conjugaison des verbes actifs.

165. Conjuguez un verbe de chacune des quatre conjugaisons.

1ʳᵉ CONJUGAISON.	2ᵉ CONJUGAISON.
AIMER.	**FINIR.**

1° INDICATIF PRÉSENT.

J'aime.	Je finis.
Tu aimes.	Tu finis.
Il aime.	Il finit.
Nous aimons.	Nous finissons.
Vous aimez.	Vous finissez.
Ils aiment.	Ils finissent.

2° IMPARFAIT.

J'aimais.	Je finissais.
Tu aimais.	Tu finissais.
Il aimait.	Il finissait.
Nous aimions.	Nous finissions.
Vous aimiez.	Vous finissiez.
Ils aimaient.	Ils finissaient.

3° PASSÉ DÉFINI.

J'aimai.	Je finis.
Tu aimas.	Tu finis.
Il aima.	Il finit.
Nous aimâmes.	Nous finîmes.
Vous aimâtes.	Vous finîtes.
Ils aimèrent.	Ils finirent.

1re CONJUGAISON.	2e CONJUGAISON.
AIMER.	**FINIR.**

4° PASSÉ INDÉFINI.

J'ai aimé.	J'ai fini.
Tu as aimé.	Tu as fini.
Il a aimé.	Il a fini.
Nous avons aimé.	Nous avons fini.
Vous avez aimé.	Vous avez fini.
Ils ont aimé.	Ils ont fini.

5° PASSÉ ANTÉRIEUR.

J'eus aimé.	J'eus fini.
Tu eus aimé.	Tu eus fini.
Il eut aimé.	Il eut fini.
Nous eûmes aimé.	Nous eûmes fini.
Vous eûtes aimé.	Vous eûtes fini.
Ils eurent aimé.	Ils eurent fini.

6° PLUS-QUE-PARFAIT.

J'avais aimé.	J'avais fini.
Tu avais aimé.	Tu avais fini.
Il avait aimé.	Il avait fini.
Nous avions aimé.	Nous avions fini.
Vous aviez aimé.	Vous aviez fini.
Ils avaient aimé.	Ils avaient fini.

7° FUTUR ABSOLU.

J'aimerai.	Je finirai.
Tu aimeras.	Tu finiras.
Il aimera.	Il finira.
Nous aimerons,	Nous finirons.
Vous aimerez.	Vous finirez.
Ils aimeront.	Ils finiront.

<table>
<tr><td>

1re CONJUGAISON.

AIMER.

</td><td>

2e CONJUGAISON.

FINIR.

</td></tr>
</table>

8° FUTUR RELATIF.

1re CONJUGAISON	2e CONJUGAISON
J'aurai aimé.	J'aurai fini.
Tu auras aimé.	Tu auras fini.
Il aura aimé.	Il aura fini.
Nous aurons aimé.	Nous aurons fini.
Vous aurez aimé.	Vous aurez fini.
Ils auront aimé.	Ils auront fini.

9° CONDITIONNEL PRÉSENT.

J'aimerais.	Je finirais.
Tu aimerais.	Tu finirais.
Il aimerait.	Il finirait.
Il aimerions.	Nous finirions.
Vous aimeriez.	Vous finiriez.
Ils aimeraient.	Ils finiraient.

10° CONDITIONNEL PASSÉ 1re FORME.

J'aurais aimé.	J'aurais fini.
Tu aurais aimé.	Tu aurais fini.
Il aurait aimé.	Il aurait fini.
Nous aurions aimé.	Nous aurions fini.
Vous auriez aimé.	Vous auriez fini.
Ils auraient aimé.	Ils auraient fini.

11° CONDITIONNEL PASSÉ 2e FORME.

J'eusse aimé.	J'eusse fini.
Tu eusses aimé.	Tu eusses fini.
Il eût aimé.	Il eût fini.
Nous eussions aimé.	Nous eussions fini.
Vous eussiez aimé.	Vous eussiez fini.
Ils eussent aimé.	Ils eussent fini.

1re CONJUGAISON

AIMER

2o CONJUGAISON

FINIR

12o IMPÉRATIF.

Aime.	Finis.
Aimons.	Finissons.
Aimez.	Finissez.

13° SUBJONCTIF PRÉSENT OU FUTUR.

Que j'aime.	Que je finisse.
Que tu aimes.	Que tu finisses.
Qu'il aime.	Qu'il finisse.
Que nous aimions.	Que nous finissions.
Que vous aimiez.	Que vous finissiez.
Qu'ils aiment.	Qu'ils finissent.

14° IMPARFAIT.

Que j'aimasse.	Que je finisse.
Que tu aimasses.	Que tu finisses.
Qu'il aimât.	Qu'il finît.
Que nous aimassions.	Que nous finissions.
Que vous aimassiez.	Que vous finissiez.
Qu'ils aimassent.	Qu'ils finissent.

15° PASSÉ.

Que j'aie aimé.	Que j'aie fini.
Que tu aies aimé.	Que tu aies fini.
Qu'il ait aimé.	Qu'il ait fini.
Que nous ayons aimé.	Que nous ayons fini.
Que vous ayez aimé.	Que vous ayez fini.
Qu'ils aient aimé.	Qu'ils aient fini.

1re CONJUGAISON.	2e CONJUGAISON.
AIMER	**FINIR**

16° PLUS-QUE-PARFAIT.

Que j'eusse aimé.	Que j'eusse fini.
Que tu eusses aimé.	Que tu eusses fini.
Qu'il eût aimé.	Qu'il eût fini.
Que nous eussions aimé.	Que nous eussions fini.
Que vous eussiez aimé.	Que vous eussiez fini.
Qu'ils eussent aimé.	Qu'ils eussent fini.

17° INFINITIF.

Aimer.	Finir.

18° PASSÉ.

Avoir aimé.	Avoir fini.

19° PARTICIPE PRÉSENT.

Aimant.	Finissant.

20° PARTICIPE PASSÉ.

Aimé.	Fini.
Aimée.	Finie.
Ayant aimé.	Ayant fini.

21° FUTUR.

Devant aimer.	Devant finir.

3ᵉ CONJUGAISON.

RECEVOIR

4ᵉ CONJUGAISON.

RENDRE

1° INDICATIF PRÉSENT.

Je reçois.   Je rends.
Tu reçois.   Tu rends.
Il reçoit.   Il rend.
Nous recevons.   Nous rendons.
Vous recevez.   Vous rendez.
Ils reçoivent.   Ils rendent.

2° IMPARFAIT.

Je recevais.   Je rendais.
Tu recevais.   Tu rendais.
Il recevait.   Il rendait.
Nous recevions.   Nous rendions.
Vous receviez.   Vous rendiez.
Ils recevaient.   Ils rendaient.

3° PASSÉ DÉFINI.

Je reçus.   Je rendis.
Tu reçus.   Tu rendis.
Il reçut.   Il rendit.
Nous reçûmes.   Nous rendîmes.
Vous reçûtes.   Vous rendîtes.
Ils reçurent.   Ils rendirent.

4° PASSÉ INDÉFINI.

J'ai reçu.   J'ai rendu.
Tu as reçu.   Tu as rendu.
Il a reçu.   Il a rendu.
Nous avons reçu.   Nous avons rendu.
Vous avez reçu.   Vous avez rendu.
Ils ont reçu.   Ils ont rendu.

3e CONJUGAISON.	4e CONJUGAISON.
RECEVOIR	**RENDRE**

5° PASSÉ ANTÉRIEUR.

J'eus reçu.	J'eus rendu.
Tu eus reçu.	Tu eus rendu.
Il eut reçu.	Il eut rendu.
Nous eûmes reçu.	Nous eûmes rendu.
Vous eûtes reçu.	Vous eûtes rendu.
Ils eurent reçu.	Ils eurent rendu.

6° PLUS-QUE-PARFAIT.

J'avais reçu.	J'avais rendu.
Tu avais reçu.	Tu avais rendu.
Il avait reçu.	Il avait rendu.
Nous avions reçu.	Nous avions rendu.
Vous aviez reçu.	Vous aviez rendu.
Ils avaient reçu.	Ils avaient rendu.

7° FUTUR ABSOLU.

Je recevrai.	Je rendrai.
Tu recevras.	Tu rendras.
Il recevra.	Il rendra.
Nous recevrons.	Nous rendrons.
Vous recevrez.	Vous rendrez.
Ils recevront.	Ils rendront.

8° FUTUR RELATIF.

J'aurai reçu.	J'aurai rendu.
Tu auras reçu.	Tu auras rendu.
Il aura reçu.	Il aura rendu.
Nous aurons reçu.	Nous aurons rendu.
Vous aurez reçu.	Vous aurez rendu.
Ils auront reçu.	Ils auront rendu.

3ᵉ CONJUGAISON.	4ᵒ CONJUGAISON
RECEVOIR	**RENDRE**

9° CONDITIONNEL PRÉSENT.

Je recevrais.	Je rendrais.
Tu recevrais.	Tu rendrais.
Il recevrait.	Il rendrait.
Nous recevrions.	Nous rendrions.
Vous recevriez.	Vous rendriez.
Ils recevraient.	Ils rendraient.

10° CONDITIONNEL PASSÉ 1ʳᵉ FORME.

J'aurais reçu.	J'aurais rendu.
Tu aurais reçu.	Tu aurais rendu.
Il aurait reçu.	Il aurait rendu.
Nous aurions reçu.	Nous aurions rendu.
Vous auriez reçu.	Vous auriez rendu.
Ils auraient reçu.	Ils auraient rendu.

11° CONDITIONNEL PASSÉ 2ᵉ FORME.

J'eusse reçu.	J'eusse rendu.
Tu eusses reçu.	Tu eusses rendu.
Il eût reçu.	Il eût rendu.
Nous eussions reçu.	Nous eussions rendu.
Vous eussiez reçu.	Vous eussiez rendu.
Ils eussent reçu.	Ils eussent rendu.

12° IMPÉRATIF.

Reçois.	Rends.
Recevons.	Rendons.
Recevez.	Rendez.

3e CONJUGAISON.	4e CONJUGAISON.
RECEVOIR	**RENDRE**

13 SUBJONCTIF PRÉSENT OU FUTUR.

Que je reçoive.	Que je rende.
Que tu reçoives.	Que tu rendes.
Qu'il reçoive.	Qu'il rende.
Que nous recevions.	Que nous rendions.
Que vous receviez.	Que vous rendiez.
Qu'ils reçoivent.	Qu'ils rendent.

14° IMPARFAIT.

Que je reçusse.	Que je rendisse.
Que tu reçusses.	Que tu rendisses.
Qu'il reçût.	Qu'il rendît.
Que nous reçussions.	Que nous rendissions.
Que vous reçussiez.	Que vous rendissiez.
Qu'il reçussent.	Qu'il rendissent.

15° PASSÉ.

Que j'aie reçu.	Que j'aie rendu.
Que tu aies reçu.	Que tu aies rendu.
Qu'il ait reçu.	Qu'il ait rendu.
Que nous ayons reçu.	Que nous ayons rendu.
Que vous ayez reçu.	Que vous ayez rendu.
Qu'ils aient reçu.	Qu'ils aient rendu.

6° PLUS-QUE-PARFAIT.

Que j'eusse reçu.	Que j'eusse rendu.
Que tu eusses reçu.	Que tu eusses rendu.
Qu'il eût reçu.	Qu'il eût rendu.
Que nous eussions reçu.	Que nous eussions rendu.
Que vous eussiez reçu.	Que vous eussiez rendu
Qu'il eussent reçu.	Qu'ils eussent rendu.

3ᵉ CONJUGAISON.		4ᵉ CONJUGAISON.
RECEVOIR		**RENDRE**

17° INFINITIF PRÉSENT.

Recevoir.		Rendre.

18° PASSÉ

Avoir reçu.		Avoir rendu.

19° PARTICIPE PRÉSENT.

Recevant.		Rendant

20° PARTICIPE PASSÉ.

Reçu.		Rendu.
Reçue.		Rendue.
Ayant reçu.		Ayant rendu.

21° FUTUR.

Devant recevoir.		Devant rendre.

19ᵉ Leçon. — **Remarques Orthographiques.**

166 *Quelle remarque y a-t-il à faire sur les adjectifs déterminatifs et les pronoms ?*

Ne pas oublier que les adjectifs déterminatifs précèdent immédiatement un nom ou un adjectif suivi d'un nom, tandis que les pronoms accompagnent un verbe.

167 *Quelle remarque y a-t-il à faire sur le mot leur ?*

Le mot *leur* placé devant un verbe est pronom et invariable.

168 *Quelle remarque y a-t-il à faire sur l'orthographe du mot ses ?*

On écrit *ses*, adjectif possessif, devant un nom ;
On écrit *ces*, adjectif démonstratif, devant un nom ;
On écrit *s'est*, devant un verbe au participe passé ;
On écrit *c'est*, signifiant cela est.

169 *Quelle remarque y a-t-il à faire sur l'orthographe du mot se ?*

On écrit *se*, devant un verbe qui devient alors pronominal.
On écrit *ce* adjectif démonstratif, devant un nom.

170 *Quand le verbe s'emploie-t-il à l'infinitif ?*

Quand deux verbes attributifs se suivent, le deuxième s'emploie à l'infinitif présent : *Il veut donner.*
Après une préposition, le verbe s'emploie à l'infinitif présent : L'homme a été créé *pour aimer* Dieu.

171 *Comment se termine la deuxième personne du singulier ?*

La deuxième personne du singulier se termine par *s :* tu aimes, tu aimas.

172 *Comment se terminent les verbes au pluriel?*

Les verbes ont pour finales au pluriel :

Ons, pour la première personne : nous aimons.

Ez, pour la deuxième personne : vous aimez.

Nt, pour la troisième personne : ils aiment.

Excepté les verbes être, dire, faire, leurs composés et le passé défini.

173 *A quels temps les verbes prennent-ils l'accent circonflexe?*

Les verbes prennent l'accent circonflexe à la première et à la deuxième personne du pluriel du passé défini et à la troisième personne du singulier de l'imparfait du subjonctif : nous aimâmes, vous aimâtes, qu'il aimât.

174 *Quelle est la remarque relative aux verbes terminés à l'infinitif par cer?*

Les verbes terminés par *cer* prennent une cédille sous le c avant *o, a ;* comme *j'avançai, nous avançons.*

175 *Quelle est la remarque relative aux verbes terminés par ger?*

Les verbes terminés par *ger* prennent un *e* après le *g* avant *o, a ;* comme *je mangeai, nous mangeons.*

176 *Quelle est la remarque relative aux verbes ayant à l'avant-dernière syllabe un e muet ou un é fermé?*

Les verbes ayant à l'avant-dernière syllabe un *e* muet ou un *é* fermé le change en *è* ouvert avant une syllabe muette qui termine le mot ; comme *mener, il mène, il mena ; espérer, il espère, il espéra ;* excepté les verbes terminés par *éger* qui conservent l'*é* fermé, comme *il protége.* Au futur et au conditionnel, on conserve aussi l'*é* fermé, puisque la syllabe muette ne termine pas le mot.

177 *Quelle est la remarque relative aux verbes terminés par eler, eter ?*

Les verbes terminés à l'infinitif par *eler, eter*, doublent la consonne *l* ou *t* lorsque la syllabe qui suit est muette ; comme *appeler, il appelle, il appela ; jeter, il jette, il jeta.* Il faut excepter les verbes suivants qui prennent l'accent grave : *acheter, becqueter, celer, décolleter, écarteler, étiqueter, geler, harceler, marteler, modeler, peler,* comme *il pèle.*

• *Épousseter* fait *j'épousseterai* sans accent grave et sans doubler la consonne *t.*

178 *Quelle est la remarque relative aux verbes terminés par éer ?*

Les verbes terminés à l'infinitif par *éer* prennent deux *e* de suite dans tous les temps où la terminaison commence par un *e* muet ; comme *créer, je crée.* Au participe passé féminin, ils prennent trois *e* de suite : *créée.*

179 *Quelle est la remarque relative au verbe cueillir ?*

Cueillir et ses composés prennent les terminaisons de la première conjugaison au présent de l'indicatif, au futur absolu et au conditionnel présent.

180 *Quelle est la remarque relative au verbe haïr ?*

Le verbe *haïr* prend le *tréma* (¨) dans toute sa conjugaison, excepté aux 3 personnes du singulier du présent de l'indicatif et au singulier de l'impératif ; comme *je hais,* nous *haïssons.*

181 *Quelle est la remarque relative aux verbes dormir, mentir, sortir, servir, se repentir ?*

Les verbes *dormir, mentir, sortir, servir, se repentir et sentir* perdent au présent de l'indicatif et à l'impératif la consonne qui précède la terminaison de l'infinitif; comme *je dors, je mens, etc.*

182 *Quelle est la remarque relative au verbe bénir?*

Bénir a deux participes passés :

Bénit, bénite, en parlant d'une chose consacrée par une cérémonie religieuse.

Béni, bénie, dans les autres cas.

183 *Quelle est la remarque relative au verbe fleurir?*

Fleurir a 2 formes au participe présent ; il fait :

1° *Florissant,* signifiant *prospérité;*

2° *Fleurissant,* en parlant de *fleurs.*

184 *Quelle est la remarque relative aux verbes devoir, redevoir, mouvoir?*

Les verbes *devoir, redevoir, mouvoir,* prennent un accent circonflexe (ˆ) sur *l'u* au participe passé masculin ; comme le prix dû.

185 *Quelle est la remarque relative aux verbes de la 4ᵉ conjugaison ayant un d à la fin du radical?*

Les verbes de la 4ᵉ conjugaison ayant un *d* à la fin du radical le conservent à la 3ᵉ personne du singulier du présent de l'indicatif ; comme il *prend;* excepté les verbes terminés à l'infinitif par *indre* ou par *soudre;* comme il *craint,* il *absout.*

186 *Quelle est la remarque relative aux verbes terminés par aître ou par oître et au verbe plaire?*

Les verbes terminés par *aître* ou par *oître* prennent un accent circonflexe sur *l'i* avant *t.*

Le verbe *plaire* prend l'accent circonflexe sur *l'i* à la 3ᵉ personne du singulier de l'indicatif présent.

187 *Quelle est la remarque relative aux verbes dont le participe présent est terminé par iant ou yant?*

Dans les verbes dont le participe présent est terminé par *iant,* on met deux *i* de suite, et dans ceux terminés par *yant* on met un *i* après *l'y* à la première et à la deuxième personne du pluriel de l'imparfait de l'indicatif et du présent du subjonctif; comme *nous priions,* que *nous envoyions.*

Avant un *e* muet *l'y* se change en *i,* excepté dans les verbes terminés à l'infinitif par *ayer* ou *eyer;* comme *il envoie, il raye, il grasseye.*

20ᵉ Leçon. — Verbes Interrogatifs.

188 *Quand les verbes sont-ils conjugués interrogativement?*

Les verbes sont conjugués *interrogativement* lorsqu'il y a demande, interrogation. Le pronom suit le verbe; auquel il est rattaché par un trait d'union (-).

189 *Les verbes interrogatifs sont-ils usités à tous les temps?*

Les verbes interrogatifs ne s'emploient qu'au mode indicatif et au mode conditionnel.

190 *Quelles sont les remarques relatives aux verbes conjugués interrogativement?*

1º Lorsque la première personne du singulier d'un verbe interrogatif finit par un *e* muet, on le change en *é* fermé; comme *aimé-je?*

2º Quand le verbe qui précède *il, elle, on,* se termine par une voyelle, on ajoute devant ces pronoms un *t,* que l'on place entre deux traits d'union; comme *aime-t-il?*

21e Leçon. — Conjuguaison des verbes Interrogatifs.

191 *Conjuguez le verbe* AIMER *interrogativement.*

INDICATIF PRÉSENT.	PASSÉ ANTÉRIEUR.	CONDITIONNEL PRÉSENT
Aimé-je ?	Eus-je aimé ?	
Aimes-tu ?	Eus-tu aimé ?	Aimerais-je ?
Aime-t-il ?	Eut-il aimé ?	Aimerais-tu ?
Aimons-nous ?	Eûmes-nous aimé ?	Aimerait-il ?
Aimez-vous ?	Eûtes-vous aimé ?	Aimerions-nous ?
Aiment-ils ?	Eurent-ils aimé ?	Aimeriez-vous ?
		Aimeraient-ils ?

IMPARFAIT.	PLUS-QUE-PARFAIT.	
Aimais-je ?	Avais-je aimé ?	
Aimais-tu ?	Avais-tu aimé ?	
Aimait-il ?	Avait-il aimé ?	PASSÉ 1re FORME.
Aimions-nous ?	Avions-nous aimé ?	
Aimiez-vous ?	Aviez-vous aimé ?	
Aimaient-ils ?	Avaient-ils aimé ?	Aurais-je aimé ?
		Aurais-tu aimé ?

PASSÉ DÉFINI.	FUTUR ABSOLU.	
		Aurait-il aimé ?
Aimai-je ?	Aimerai-je ?	Aurions-nous aimé ?
Aimas-tu ?	Aimeras-tu ?	Auriez-vous aimé ?
Aima-t-il ?	Aimera-t-il ?	Auraient-ils aimé ?
Aimâmes-nous ?	Aimerons-nous ?	
Aimâtes-vous ?	Aimerez-vous ?	
Aimèrent-ils ?	Aimeront-ils ?	
		PASSÉ 2e FORME.

PASSÉ INDÉFINI.	FUTUR RELATIF.	
Ai-je aimé ?	Aurai-je aimé ?	Eussé-je aimé ?
As-tu aimé ?	Auras-tu aimé ?	Eusses-tu aimé ?
A-t-il aimé ?	Aura-t-il aimé ?	Eût-il aimé ?
Avons-nous aimé ?	Aurons-nous aimé ?	Eussions-nous aimé?
Avez-vous aimé ?	Aurez-vous aimé ?	Eussiez-vous aimé ?
Ont-ils aimé ?	Auront-ils aimé ?	Eussent-ils aimé ?

22e Leçon. — **Verbes négatifs.**

192 *Quand les verbes sont-ils conjugués* NÉGATIVEMENT?

Les verbes sont conjugués négativement lorsqu'ils sont accompagnés des mots NE PAS.

Ils se conjuguent du reste comme les autres verbes.

193 *Conjuguez quelques temps du verbe négatif* NE PAS AIMER.

INDICATIF PRÉSENT.

Je n'aime pas.
Tu n'aimes pas.
Il n'aime pas.
Nous n'aimons pas.
Vous n'aimez pas.
Ils n'aiment pas.

PASSÉ INDÉFINI.

Je n'ai pas aimé.
Tu n'as pas aimé.
Il n'a pas aimé.
Nous n'avons pas aimé.
Vous n'avez pas aimé.
Ils n'ont pas aimé.

INFINITIF PRÉSENT.

Ne pas aimer.

PASSÉ.

N'avoir pas aimé.

PARTICIPE PRÉSENT.

N'aimant pas.

PARTICIPE PASSÉ.

Aimé, aimée.
N'ayant pas aimé.

23e Leçon. — **Verbes dubitatifs.**

194 *Quand les verbes sont-ils conjugués* DUBITATIVEMENT?

Les verbes sont conjugués dubitativement quand ils le sont à la fois interrogativement et négativement.

Ils ne s'emploient qu'aux modes indicatif et conditionnel.

195 *Conjuguez quelques temps du verbe aimer employé* DUBITATIVEMENT.

INDICATIF PRÉSENT.	PASSÉ INDÉFINI.
N'aimé-je pas ?	N'ai-je pas aimé ?
N'aimes-tu pas ?	N'as-tu pas aimé ?
N'aime-t-il pas ?	N'a-t-il pas aimé ?
N'aimons-nous pas ?	N'avons-nous pas aimé ?
N'aimez-vous pas ?	N'avez-vous pas aimé ?
N'aiment-ils pas ?	N'ont-ils pas aimé ?

24ᵉ LEÇON. — **Verbes neutres.**

196 *Comment se conjuguent les verbes* NEUTRES ?

Les verbes neutres se conjuguent comme les verbes actifs. Les uns avec l'auxiliaire avoir les autres avec l'auxiliaire être.

197 *Donnez un exemple, en citant quelques temps, d'un verbe neutre conjugué avec l'auxiliaire* AVOIR.

INDICATIF PRÉSENT.	PASSÉ INDÉFINI.
Je ris.	J'ai ri.
Tu ris.	Tu as ri.
Il rit.	Il a ri.
Nous rions.	Nous avons ri.
Vous riez.	Vous avez ri.
Ils rient.	Ils ont ri.

198 *Conjuguez un verbe neutre, dans ses temps composés, avec l'auxiliaire* ÊTRE.

PASSÉ INDÉFINI.	PASSÉ ANTÉRIEUR.
Je suis tombé.	Je fus tombé.
Tu es tombé.	Tu fus tombé.
Il est tombé.	Il fut tombé.
Nous sommes tombés.	Nous fûmes tombés.
Vous êtes tombés.	Vous fûtes tombés.
Ils sont tombés.	Ils furent tombés.

PLUS-QUE-PARFAIT.

J'étais tombé.
Tu étais tombé.
Il était tombé.
Nous étions tombés.
Vous étiez tombés.
Ils étaient tombés.

FUTUR RELATIF.

Je serai tombé.
Tu seras tombé.
Il sera tombé.
Nous serons tombés.
Vous serez tombés.
Ils seront tombés.

CONDITIONNEL.
PASSÉ 1re FORME.

Je serais tombé.
Tu serais tombé.
Il serait tombé.
Nous serions tombés.
Vous seriez tombés.
Ils seraient tombés.

PASSÉ 2e FORME.

Je fusse tombé.
Tu fusse tombé.
Il fût tombé.
Nous fussions tombés.
Vous fussiez tombés.
Ils fussent tombés.

SUBJONCTIF PASSÉ.

Que je sois tombé.
Que tu sois tombé.
Qu'il soit tombé.
Que nous soyons tombés.
Que vous soyez tombés.
Qu'ils soient tombés.

PLUS-QUE-PARFAIT.

Que je fusse tombé.
Que tu fusses tombé.
Qu'il fût tombé.
Que nous fussions tombés
Que vous fussiez tombés.
Qu'ils fussent tombés.

INFINITIF PASSÉ.

Être tombé ou tombée.

PARTICIPE PASSÉ.

Tombé ou tombée
étant tombé ou tombée.

25e LEÇON. — **Verbes passifs.**

199 *Comment se conjuguent les verbes* PASSIFS?

Les verbes passifs se conjuguent comme le verbe être en mettant à la suite le participe passé du verbe à conjuguer.

200 *Donnez un exemple en conjuguant quelques temps du verbe passif* ÊTRE AIMÉ.

INDICATIF PRÉSENT.

Je suis aimé.
Tu es aimé.
Il est aimé.
Nous sommes aimés.
Vous êtes aimés.
Ils sont aimés.

PASSÉ INDÉFINI.

J'ai été aimé.
Tu as été aimé.
Il a été aimé.
Nous avons été aimés.
Vous avez été aimés.
Ils ont été aimés.

26ᵉ Leçon. — Verbes pronominaux.

201 *Comment se conjuguent les verbes* PRONOMINAUX?

Les verbes pronominaux se conjuguent comme les verbes neutres avec l'auxiliaire être et deux pronoms de la même personne.

202 *Conjuguez quelques temps du verbe pronominal* SE PROMENER.

INDICATIF PRÉSENT.

Je me promène.
Tu te promène.
Il se promène.
Nous nous promenons.
Vous vous promenez.
Ils se promènent.

PASSÉ DÉFINI.

Je me suis promené.
Tu t'es promené.
Il s'est promené.
Nous nous sommes pro-
menés.
Vous vous êtes promenés
Ils se sont promenés.

IMPÉRATIF.

Promène-toi.
Promenons-nous.
Promenez-vous.

INDICATIF PRÉSENT.

Se promener.

PASSÉ.

S'être promené ou pro-
menée.

PARTICIPE PRÉSENT.

Se promenant.

PARTICIPE PASSÉ.

S'étant promené ou pro-
menée.

27ᵉ Leçon. — **Verbes impersonnels.**

203 *Comment se conjuguent les verbes* IMPERSONNELS?

Les verbes impersonnels suivent les règles des 4 conjugaisons ; mais ils ne s'emploient qu'à la 3ᵉ personne du singulier.

Ils ne s'emploient pas à l'impératif ni au passé de l'infinitif.

204 *Conjuguez quelques temps du verbe impersonnel* FALLOIR.

INDICATIF PRÉSENT.	SUBJONCTIF PRÉSENT.
Il faut.	Qu'il faille.
PASSÉ DÉFINI.	PARTICIPE PASSÉ.
Il a fallu.	Ayant fallu.

28ᵉ Leçon. — **Du Participe.**

205 *Qu'est-ce que le participe?*

Le participe est un mot qui tient de la nature du verbe et de celle de l'adjectif.

206 *Combien y a-t-il de sortes de participes?*

Il y a 2 sortes de participes : le participe *présent* et le participe *passé*.

Du Participe Présent.

207 *Quelle est la terminaison du participe présent?*

Le participe présent est toujours terminé par *ant;* comme *aimant.*

208 *Quand le participe présent est-il variable?*

Le participe présent est variable quand il exprime une qualité qui doit durer toujours.

209 *Quand le participe présent est-il invariable?*

Le participe présent est invariable quand il exprime une action qui ne doit durer qu'un temps.

Du Participe Passé.

210 *Quand le participe passé est-il variable?*

Le participe passé est variable :

1° Quand il est employé *sans auxiliaire* ou avec l'auxiliaire *être*;

2° Quand, conjugué avec l'auxiliaire *avoir*, il est précédé de son régime direct.

211 *Quand le participe passé est-il invariable?*

Le participe passé est invariable quand, conjugué avec l'auxiliaire *avoir*, il n'a pas de régime *direct* ou en est suivi.

29e Leçon. — De la Préposition.

212 *Qu'est-ce que la préposition?*

La préposition est un mot qui sert à lier les mots entre eux.

213 *Quelles sont les prépositions?*

Les principales prépositions sont : *à, de, par, devant, derrière, après, avant, entre, envers, selon, pendant, vers*, etc.

214 *Qu'appelle-t-on locutions prépositives?*

On appelle *locutions prépositives* plusieurs mots remplissant les mêmes fonctions que la préposition, comme *à côté de, auprès de, vis-à-vis de*, etc.

215 *Quelles sont les remarques relatives aux mots à, dès.*

A, *dès*, prépositions, prennent l'accent grave.

216 *Quelle est la remarque relative à l'adjectif sauf, aux participes attendu, vu, excepté, etc.*

L'adjectif *sauf*, les participes *attendu, vu, excepté, etc.*, deviennent prépositions devant un nom, et sont invariables.

30ᵉ Leçon. — De l'Adverbe.

217 *Qu'est-ce que l'adverbe.*

L'adverbe est un mot qui modifie un verbe, un adjectif ou un autre adverbe.

218 *Quels sont les principaux adverbes ?*

Les principaux adverbes sont : 1° de *qualité: prudemment, etc.* ; 2° de *temps, aujourd'hui, hier, demain;* 3° de *lieu: où, ici, là, etc.* ; 4° de *quantité: moins, beaucoup, trop;* 5° de *comparaison: mieux, plus;* 6° d'*affirmation: oui, assurément;* 7° de *négation: non, ne pas, point.*

219 *Qu'appelle-t-on locutions adverbiales?*

On appelle locutions adverbiales plusieurs mots remplissant les mêmes fonctions que l'adverbe ; comme *avant-hier, etc.*

220 *Quelle est la remarque relative aux mots où, là?*

Où, là, adverbes de lieu, prennent l'accent grave.

31ᵉ Leçon. — De la Conjonction.

221 *Qu'est-ce que la conjonction?*

La conjonction est un mot qui sert à lier les phrases entre elles ; comme *et, car, mais, que, lorsque, etc.*

222 *Qu'appelle-t-on locutions conjonctives?*

On appelle locutions conjonctives plusieurs mots remplissant les mêmes fonctions que la conjonction ; comme *au reste, du moins, etc.*

32e Leçon. — De l'interjection.

223 *Qu'est-ce que l'interjection?*

L'interjection est un mot qui sert à exprimer les sentiments de l'âme, la douleur, la joie ; comme *oh, ho, ah, ha, eh, hé, etc.*

224 *Qu'appelle-t-on locutions interjectives?*

On appelle locutions interjectives plusieurs mots remplissant les mêmes fonctions que l'interjection ; comme *ô mon Dieu!*

FIN DE LA PREMIÈRE PARTIE.

GRAMMAIRE

DEUXIÈME PARTIE

DU NOM

33ᵉ Leçon. — **Genre de quelques Noms.**

1 *De quel genre est* AIGLE?

Aigle: oiseau est du masculin s'il désigne le mâle et du féminin s'il désigne la femelle..

Aigle: enseigne militaire est du féminin.

2 *De quel genre sont les mots* AMOUR, DÉLICE *et* ORGUE?

Amour, *délice* et *orgue* sont du masculin au singulier et du féminin au pluriel. *Amour*, *peinture* est masculin.

3 *De quel genre est* EXEMPLE?
Exemple est du masculin.

4 *De quel genre est* ÉVANGILE?
Évangile est du masculin.

5 *De quel genre est* HYMNE?
Hymne: chant guerrier est du masculin.
Hymne: chant religieux est du féminin.

6 *De quel genre est* PERSONNE?

Personne est féminin et variable quand il est considéré comme nom et accompagné de l'article ou d'un adjectif déterminatif.

Personne : pronom est du masculin singulier.

7 *De quel genre est* COUPLE ?

Couple est masculin quand il désigne le mâle et la femelle, et qu'on a en vue la reproduction de l'espèce, ou deux individus qui se sont réunis volontairement.

Couple est féminin quand on ne considère que le nombre deux sans avoir en vue la reproduction, et quand il désigne deux individus qui se sont réunis involontairement.

8 *De quel genre sont les adjectifs qui accompagnent le mot* GENS?

Gens veut au féminin les adjectifs qui le précèdent immédiatement, et au masculin ceux qui le suivent ; excepté *tout* qui se met au masculin bien qu'il soit placé avant. Cependant les adjectifs qui précèdent le mot *gens* restent au masculin quand le mot *gens* est suivi d'un préposition et d'un nom indiquant un état ou une profession.

9 *De quel genre est* QUELQUE CHOSE ?

Quelque chose est du masculin lorsqu'il signifie *une chose*, et du féminin lorsqu'il signifie *quelle que soit la chose*.

10 *De quel genre est* PÉRIODE?

Période est du masculin quand il est pris pour désigner le plus haut point où une chose puisse arriver ou un espace de temps indéterminé. Autrement il est du féminin.

11 *De quel genre est* ORGE ?

Orge est du féminin ; excepté *orge* mondé, *orge* perlé.

12 *De quel genre est* FOUDRE ?

Foudre: tonnerre est féminin. Au figuré il est du masculin.

13 *De quel genre est* OEUVRE ?

Œuvre est féminin :

1° Ce qui est produit par quelque agent.
2° Le banc des Marguillers.
3° Une bonne action.
4° Des écrits. Dans ce cas il est féminin pluriel.

Œuvre est masculin :

1° Désignant la totalité des estampes d'un graveur.
2° En musique.
3° En alchimie, la pierre philosophale.
4° Dans le style soutenu. Dans ce cas il est masculin singulier.

14 *De quel genre est* PAQUE ?

Pâques : fête des chrétiens est masculin.
Pâque : fête des juifs est féminin.
Pâques : communion pascale est féminin pluriel.
Pâques-fleuries, Pâques-closes sont féminin pluriel.

34e LEÇON. — **Formation du Pluriel.**

15 *Quel est le pluriel de* AÏEUL ?

Aïeul a 2 formes au pluriel : *aïeuls et aycux.*
Aïeuls : pour désigner le grand-père ou la grand' mère.
Aycux : pour désigner les autres ancêtres.

16 *Quel est le pluriel de* CIEL ?

Ciel fait *ciels* et *cieux.*
Cieux : pour désigner la voûte céleste.
Ciels : pour désigner une imitation.

17 *Quel est le pluriel de* OEIL ?

Œil fait *œils* et *yeux.*
Yeux : pour désigner les organes de la vue.
Œils : pour désigner une imitation ou des pierres pré
cieuses.

18 *Quel est le pluriel de* TRAVAIL ?

Travail fait *travails* et *travaux.*
Travaux : dans le sens de labeur, fatigue.
Travails : en parlant des comptes qu'un subordonné
rend à son supérieur, et lorsqu'on désigne une ma-
chine servant à ferrer les chevaux vicieux.

35ᵉ LEÇON. — **Des noms Composés.**

19 *Qu'est-ce que les noms composés ?*

Les noms composés sont ceux qui sont formés de
plusieurs mots joints ensemble par le trait d'union.

20 *Quelle est la règle des noms composés formés de
mots invariables ou de mots étrangers ?*

Le nom composé formé de mots invariables ou de
mots étrangers est invariable.

21 *Le verbe qui fait partie d'un nom composé, est-il
variable ?*

Le verbe faisant partie d'un nom composé est inva-
ble.

22 *Comment reconnaît-on un nom composé?*

Le trait d'union qui joint les parties du nom composé suffit pour le faire reconnaître dans le langage écrit.

23 *Combien de règles régissent les noms composés?*

On peut énoncer 4 règles sur la syntaxe des noms composés?

24 *Enoncez la 1re?*

Quand un nom composé est formé de deux noms placés immédiatement l'un après l'autre, ils prennent tous deux la marque du pluriel. — *Un chien-loup, des chiens-loups.*

25 *Énoncez la 2e?*

Lorsque le mot composé est formé de deux noms joints par une préposition exprimée ou sous entendue, le premier de ces mots prend seul la marque du pluriel. — *Un chef-d'œuvre, des chefs-d'œuvre.*

26 *Énoncez la 3e?*

Lorsque le mot composé est formé d'un nom et d'un adjectif qui le qualifie, ils prennent tous deux la marque du pluriel. — *Un beau-père, des beaux-pères.*

27 *Énoncez la 4e?*

Si le mot composé est formé d'un nom joint à un mot invariable ou à un verbe, le nom seul prend la marque du pluriel. — *Une arrière-saison, des arrière-saisons.*

28 *Ces règles sont-elles générales?*

Ces règles sont loin d'être générales; elles souffrent au contraire un grand nombre d'exceptions.

28 bis *Les noms composés sont-ils nombreux?*

On compte dans la langue française environ 1,100 noms composés.

29 *Quelle remarque y a-t-il à faire sur les noms composés* PREMIER-NÉ, MORT-NÉ?

Premier-né ne s'emploie qu'au masculin, les deux mots prennent la marque du pluriel.

Mort est invariable dans *Mort-né.*

30 *Quelle remarque y a-t-il à faire sur le verbe garder faisant partie d'un nom composé?*

Le verbe garder varie dans : gardes-avancées, gardes-champêtres, gardes-chasse, gardes-côtes, gardes-du-corps, gardes-des-sceaux, gardes-forestiers, gardes-françaises, gardes-magasins, gardes-malades, gardes-marine, gardes-moulin, gardes-nationaux, gardes-nationales, gardes-royaux, gardes-royales, gardes-ventes.

31 *Quelle remarque y a-t-il à faire sur le verbe aider faisant partie d'un nom composé?*

Le verbe aider varie dans : aides-de-camp, aides-de-cuisine, aides-majors, aides-maçons.

32 *Quelle remarque y a-t-il à faire sur l'adjectif grand faisant partie d'un nom composé?*

L'e muet se supprime au féminin dans grand'mère, grand'maman, grand'messe, et le mot grand ne prend pas la marque du pluriel.

36e LEÇON. — Noms Propres.

33 *Quand les noms propres sont-ils variables?*

Les noms propres prennent la marque du pluriel:

1º Lorsqu'ils désignent des individus semblables à ceux dont on cite les noms: les Corneilles sont rares.

2º Lorsqu'ils désignent un titre commun à une famille : les Valois, les Guises.

3º Lorsquils désignent plusieurs pays : les deux Amériques.

34 *Quand les noms propres sont-ils invariables?*

Les noms propres sont invariables :

1º Lorsqu'ils désignent les individus eux-mêmes qui portent les noms : les Turenne, les Condé ont illustré le règne de Louis XIV.

2º Lorsqu'ils désignent plusieurs exemplaires d'un ouvrage : Dix Télémaque.

Cependant on dit : des Elzévirs, des Raphaëls, etc., pour des livres imprimés par Elzévir, des tableaux peints par Raphaël.

37ᵉ Leçon. — Noms Étrangers.

35 *Donnez quelques règles sur le nombre des noms étrangers?*

1º Les noms étrangers d'un fréquent usage en France sont variables, notamment ceux terminés par o, a, um : des débets, des pianos, des acacias, des pensums, etc.

2º Les prières de l'église ne prennent pas la marque du pluriel : des alleluia, des ave, etc.

3º Carbonaro, dilettante, lazzarone, quintetto, font leur pluriel en i : des carbonari.

38ᵉ Leçon. — Adjectifs.

36 *Avec quel mot s'accorde l'adjectif?*

L'adjectif s'accorde en genre et en nombre avec le nom qu'il qualifie ou détermine.

37 *Si l'adjectif qualifie plusieurs noms du singulier, qu'arrive-t-il?*

Si l'adjectif qualifie plusieurs noms du singulier, il se met au pluriel : le *roi* et le *berger* sont *égaux*.

38 *Si les noms sont de différents genres, qu'arrive-t-il?*

S'ils sont de différents genres, l'adjectif se met au masculin pluriel. Un père et une mère *bons*.

39 *Si les adjectifs sont employés comme adverbes, qu'arrive-t-il?*

Les adjectifs employés comme adverbes ne varient pas, excepté *frais*.

Ces livres coûtent *cher*, ils sont *fort* beaux. Une chambre *fraîche* nettoyée.

40 *Quelle est la règle de l'adjectif nu?*

Nu est invariable avant un nom : *nu-jambes*, excepté *nue-propriété*.

41 *Quelle est la règle de l'adjectif feu?*

Feu signifiant défunt est :
Variable quand il est placé immédiatement avant le nom : ma *feue* tante.

Invariable quand il est séparé du nom par un article ou un adjectif déterminatif : *feu* ma tante.

42 *Quelle est la règle de l'adjectif nouveau?*

Nouveau signifiant nouvellement est invariable et ne s'emploie pas dans ce sens devant un nom féminin, excepté : Une fille *nouveau-née*. Il est variable devant un participe employé comme nom : De *nouveaux* élus.

43 *Quelle est la règle de l'adjectif demi?*

Demi placé avant un nom ne varie pas. Une *demi-heure*.

Placé après, il varie quant au genre, mais reste au singulier : deux *heures* et *demie.*

Ce n'est qu'employé comme nom qu'il prend la marque du pluriel. Cette horloge sonne les *demies.*

Avant le nom, *demi* est suivi d'un trait d'union.

44 *Quelle est la règle des adjectifs franc de port, excepté, supposé, etc. ?*

Les adjectifs *franc de port, excepté, supposé, compris, passé, etc.,* sont invariables avant un nom : excepté ces choses ; et variables après : ces choses exceptées.

45 *Quelle est la règle des adjectifs se qualifiant l'un par l'autre?*

Deux adjectifs se qualifiant l'un par l'autre sont invariables : des cheveux *châtain-clair.*

46 *Quelle est la règle des adjectifs numéraux cardinaux?*

Les adjectifs numéraux cardinaux sont invariables ; excepté *un* qui fait une, et *vingt, cent, mille.*

47 *Quelle est la règle de vingt et cent?*

Vingt et *cent* prennent s lorsqu'ils sont précédés d'un adjectif de nombre qui les multiplie s'ils ne sont pas suivis d'un autre adjectif de nombre : *quatre-vingts, quatre-vingt-trois, cinq cents, cinq cent deux.*

Vingt et *cent* mis pour vingtième, centième, sont invariables.

48 *Quelle est la règle de mil?*

On écrit *mil* pour désigner les années depuis J.-C. : *mil* huit cent soixante-onze.

On écrit *mille* pour désigner les années avant J.-C. : l'an deux *mille* de la création.

On écrit *mille* pour exprimer dix fois cent : quatre *mille* francs.

On écrit *mille* ou milles, pour désigner une mesure de longueur.

49 *Quelle est la règle de même ?*

Même est adjectif et variable, ou adverbe et invariable.

Même est adjectif : 1° Lorsqu'il est placé avant un nom : les *mêmes* personnes.

2° Lorsqu'il est placé après un pronom ou un article : les personnes *elles-mêmes*.

Même est adverbe : 1° Lorsqu'il signifie *aussi, encore, de plus :* le tonnerre, les éclairs *même*, obéissent à Dieu.

2° Lorsqu'il accompagne un adjectif ou un verbe : vous finirez *même* par les oublier.

50 *Quelle est la règle de tout ?*

Tout est adjectif ou adverbe.

Il est adjectif lorsqu'il signifie *chaque* ou la *totalité :* nous sommes *tous* sujets à la mort.

Quoiqu'adjectif, *tout* ne varie pas devant un nom propre de ville, si l'on a en vue les habitants : *tout Rome* priait Dieu pour Notre Saint-Père.

Il est adverbe lorsqu'il signifie *tout à fait, entièrement :* vos souliers sont *tout* prêts.

Quoiqu'adverbe, *tout* varie devant un adjectif féminin commençant par une consonne ou une h aspirée : votre mère est *toute disposée* à vous accorder la permission d'aller à cette fête.

51 *Quelle est la règle de quelque ?*

Quelque s'écrit en deux mots devant un verbe : respectez les vieillards *quels qu'ils* soient. *Quel* est adjectif et s'accorde avec le sujet du verbe, *que* est conjonction.

On écrit *quelque* en un seul mot devant un nom ou un adjectif suivi d'un nom. Dans ce cas il est adjectif: *quelques* crimes précèdent toujours les grands crimes.

Quelque est adverbe: 1° lorsque, bien qu'il soit devant un adjectif suivi d'un nom, il a le sens de *quoique, si : quelque* savant docteur que vous soyez.

2° Lorsqu'il est placé devant un adjectif qui n'est pas suivi d'un nom: les hommes *quelque* puissants qu'ils soient.

3° Lorsqu'il est placé devant un adverbe : *quelque* adroitement que vous vous y preniez.

4° Lorsqu'il est placé devant un adjectif de nombre cardinal et signifie environ.

39ᵉ Leçon. — **Verbe.**

52 *Avec quel mot s'accorde le verbe ?*

Le verbe s'accorde avec son sujet.

53 *Qu'arrive-t-il si un verbe a deux sujets du singulier ?*

Si un verbe a deux sujets du singulier, il se met au pluriel : ce *père* et cette *mère aiment* leur enfant.

54 *Quand le verbe s'accorde-t-il avec le dernier sujet?*

Le verbe s'accorde avec le dernier sujet :

Quand les sujets sont synonymes, c'est-à-dire lorsque ce sont des mots exprimant la même chose: son *courage*, son *intrépidité, étonne* les plus braves.

Quand le dernier sujet, par son importance, semble faire disparaître tous les autres : ce sacrifice, votre *intérêt*, votre *honneur, Dieu l'exige.*

Quand un des mots *rien, tout, personne,* représentent différents sujets: le *temps*, les *biens*, la *vie, tout est* à la patrie.

55 *Qu'arrive-t-il si les sujets sont liés par une conjonction ?*

Lorsque plusieurs sujets sont liés par une conjonction : *comme, de même que, ainsi que, etc.,* le verbe
s'accorde avec le premier sujet : *l'enfer,* comme le *ciel*
prouve un Dieu juste et *bon.*

56 *Qu'arrive-t-il si le sujet est précédé des mots la
plupart, l'infinité, un grand nombre, etc. ?*

Après les mots *la plupart, l'infinité, un grand
nombre, etc.,* le verbe s'accorde avec leur complément :
un grand nombre d'oiseaux se sont abattus dans ce
buisson.

57 *Qu'arrive-t-il si le verbe a pour sujet le pronom
qui ?*

Le verbe ayant pour sujet le pronom *qui* s'accorde
avec l'antécédent de ce pronom.

58 *Quelle est la règle du verbe être précédé de ce ?*

Le verbe être précédé de *ce* ne se met au pluriel que
lorsqu'il est suivi d'un substantif pluriel ou d'un pronom
de la troisième personne du pluriel : *ce sont* les *vices*
qui dégradent l'homme, *ce sont eux* qui le rendent
malheureux.

59 *Que fait-on quand la seconde personne du singulier de l'impératif est terminée par une voyelle, devant
en, y ?*

Lorsque la seconde personne du singulier de l'impératif est terminé par une voyelle, on y ajoute une *s*
devant les mots *en, y : ajoutes-y, donnes-en.*

40ᵉ Leçon. — Du Participe Présent.

60 *Quelle est la règle du participe présent ?*

Le participe présent est verbe et invariable, ou adjectif et variable.

61 *Quand le participe présent est-il verbe?*

Le participe présent est verbe :

1° Lorsqu'il est précédé de la préposition *en :* les élèves, *en étudiant*, acquierront les connaissances nécessaires.

2° Lorsqu'il est accompagné d'un régime direct, ou indirect, ou d'une négation : ces femmes *surveillant leurs enfants, ne s'occupant* que de leur ménage, sont des trésors.

3° Lorsqu'il est placé avant un régime circonstanciel : des enfants *causant toujours*.

62 *Quand le participe présent est-il adjectif?*

Le participe présent est adjectif :

1° Lorsqu'il est accompagné du verbe être : ces enfants *sont aimants*.

2° Lorsqu'il est employé sans régime direct : des femmes *surveillantes* sont des trésors.

3° Lorsqu'il est placé après un régime circonstanciel : des enfants *toujours causants*.

41ᵉ Leçon. — Du Participe Passé.

63 *Quelle est la règle du participe passé?*

Le participe passé est variable ou invariable.

64 *Quand le participe passé est-il variable?*

Le participe passé est variable :

1° Lorsqu'il est employé sans auxiliaire : des enfants *aimés*.

2° Lorsqu'il est employé avec l'auxiliaire *être :* ces enfants *sont aimés*.

3° Lorsque, employé avec l'auxiliaire *avoir*, il est précédé de son régime direct : les *fleurs* que nous *avons cueillies*.

65 *Quand le participe passé est-il invariable ?*

Le participe passé est invariable lorsque, conju
avec l'auxiliaire *avoir* :

Il n'a pas de régime direct : nous *avons cueilli*.

Il est suivi de son régime direct : nous *avons cu*
des fleurs.

66 *Quelle est la règle du participe passé suivi d*
infinitif ?

Le participe passé suivi d'un infinitif est:

Variable, s'il a pour régime le pronom qui le p
cède : les *juges que* nous avons *entendus* condamner

Invariable, s'il a pour régime l'infinitif qui le su
les accusés que nous avons *entendu condamner.*

67 *Quelle est la règle du participe passé placé en*
deux que ?

Le participe passé placé entre deux que est in
riable : la lettre *que* j'ai *présumé que* vous recevriez.

68 *Quelle est la règle du participe passé précédé*
pronoms le, la, les, représentant un membre de phra

Le participe passé, précédé des pronoms le, la, l
que, lequel, est invariable ? cette famine arriva ai
que Joseph *l'*avait *prédit.*

69 *Quelle est la règle du participe passé des ver*
impersonnels ?

Le participe passé des verbes impersonnels est in
riable : *il est arrivé* de grands malheurs.

70 *Quelle est la règle du participe passé fait suivi d'*
infinitif ?

Le participe passé *fait* suivi d'un infinitif est inv
riable: nous avons *fait chanter.*

1 Quelle est la règle du participe passé précédé de *le peu de*?

Le participe passé précédé de *le peu de* est :
Variable, si *le peu de* signifie *une petite quantité* : *le peu d'affection* que vous lui avez *témoignée* a suffi pour lui rendre le courage.
Invariable, si *le peu de* signifie *le manque* : *le peu d'affection* que vous lui avez témoigné l'a découragé.

72 Quelle est la règle des participes passés *coûté, valu, pesé*?

Les participes passés *coûté, valu, pesé*, sont :
Invariables dans le sens propre : les deux mille francs que cette maison *m'a coûté*.
Variables dans le sens figuré : les peines que cette affaire *m'a coûtées*.

73 Quelle est la règle des participes passés des verbes pronominaux?

Les verbes pronominaux conjugués avec l'auxiliaire *être* suivent la règle des verbes actifs conjugués avec *avoir*.

42ᵉ Leçon. — **Mots invariables.**

74 Quelle remarque y a-t-il à faire sur *près de* et *prêt à*?

Près de, locution prépositive, signifie *sur le point de*.
Prêt à, adjectif, signifie *disposé à*.

75 Quelle remarque y a-t-il à faire sur *quant*, *quand*?

On écrit *quant* devant *à, au*; il signifie *pour ce qui est de*.
On écrit *quand*, conjonction, signifiant *lorsque*.

76 *Quelle remarque y a-t-il à faire sur plus* *plutôt?*

Plutôt marque la préférence.
Plus tôt est l'opposé de *plus tard*.

77 *Quelle remarque y a-t-il à faire sur parce* *par ce que?*

Parce que signifie *attendu que*.
Par ce que veut dire *par la chose que*.

78 *Quelle remarque y a-t-il à faire sur quoi* *quoi que?*

Quoique, conjonction, signifie *bien que*.
Quoi que signifie *quelque chose que*.

43e Leçon. — **Signes orthographiques.**

79 *Quelle remarque y a-t-il à faire sur quelque*
Quelque perd *e* devant *un*, au pluriel *quelques-un*

80 *Quelle remarque y a-t-il à faire sur jusque*
Jusque perd *e* devant *à, au, aux, ici, où*.

81 *Quelle remarque y a-t-il à faire sur lors*
puisque, quoique?

On retranche *e* à la fin de ces mots devant *il, elle,*
un, une.

82 *Quelle remarque y a-t-il à faire sur entre?*

La préposition *entre* ne perd l'e final que dans
mots composés, comme *entr'acte*.
Mais on écrit *entre eux, entre autres*.

83 *Quelle remarque y a-t-il à faire sur contre?*

Contre ne perd jamais l'e : *contre-allée*.

44ᵉ Leçon. — **Analyse logique.**

84 *Qu'appelle-t-on phrase?*

On appelle phrase un ensemble de mots formant un sens complet.

85 *Qu'appelle-t-on proposition?*

La proposition est l'énonciation d'un fait.

Il y a dans une phrase autant de propositions qu'il y a de verbes à un des quatre modes personnels.

45ᵉ Leçon. — **§ I. Parties constitutives de la proposition.**

86 *Quelles sont les parties constituant la proposition?*

Les parties constituant la proposition sont le *sujet*, le *verbe* et l'*attribut*.

SUJET.

87 *Sous combien de formes peut se présenter le sujet?*

Le sujet peut se présenter sous quatre formes.

Il peut être :

1° Simple, lorsqu'il est exprimé par un seul nom, ou un seul pronom, ou un seul infinitif.

Les *hommes* sont frères.

2° Composé, lorsqu'il est exprimé par plusieurs noms, pronoms ou infinitifs.

Le *chien*, le *chat* sont des animaux domestiques.

3° Incomplexe, lorsqu'il n'a pas de complément.

Le *travail* procure la santé.

4° Complexe, lorsqu'il est accompagné d'un complément.

Le *travail du dimanche* n'enrichit pas.

Dans tous les cas, le sujet ne peut être qu'un nom, un pronom ou un verbe à l'infinitif.

VERBE.

88 *Sous combien de formes se présente le verbe?*

Le verbe est toujours le verbe *être*, soit qu'il se présente seul, soit qu'il fasse partie d'un verbe attributif; car le verbe attributif renferme le verbe *être* et l'attribut. Ainsi, *je travaille* est mis pour *je suis travaillant*.

ATTRIBUT.

89 *Sous combien de formes peut se présenter l'attribut?*

L'attribut comme le sujet peut se présenter sous quatre formes.

Il peut être:

1° Simple, lorsqu'il est exprimé par un seul adjectif ou participe. Les hommes sont *frères*.

2° Composé, lorsqu'il est exprimé par plusieurs adjectifs ou participes. La charité est *douce, patiente.*

3° Incomplexe, lorsqu'il n'a pas de complément. Le chien est *utile*.

4° Complexe, lorsqu'il a un complément. Le chien est *utile à l'homme.*

L'attribut est le plus souvent exprimé par un adjectif ou un participe, quelquefois par un nom ou un pronom.

46ᶜ LEÇON. — § II. Diverses sortes de propositions.

90 *Combien y a-t-il de sortes de propositions?*

Il y a deux sortes de propositions:

1° La *principale*. qui tient le premier rang.

2° L'*incidente*, ajoutée à un des termes d'une autre proposition pour en déterminer la signification. Elle commence toujours par un pronom relatif ou par l'adverbe *où*. L'homme, *qui est grand,* doit se prosterner devant Dieu.

PROPOSITIONS PRINCIPALES.

91 *Combien y a t-il de sortes de propositions principales?*

Il y a deux sortes de propositions principales :

1° La principale absolue, qui seule forme un sens complet. *Les hommes sont en présence de Dieu.*

2° La principale relative, ajoutée à la principale absolue pour en développer le sens :

Dieu existe; tous les peuples du monde reconnaissent son existence, lors même qu'ils vivent encore dans l'état sauvage.

La principale absolue est *Dieu existe.* Les autres propositions sont principales relatives.

PROPOSITIONS INCIDENTES.

92 *Combien y a-t-il de sortes de propositions incidentes?*

Il y a deux sortes de propositions incidentes ;

1° Incidente déterminative, liée d'une manière inséparable aux termes d'une autre proposition pour en développer le sens : Le lion *qui est à la ménagerie* est très-doux.

2ᵉ Incidente explicative, qu'on peut retrancher sans dénaturer le sens de la phrase. Le tigre, *qui est féroce de sa nature*, est susceptible d'attachement.

47ᵉ Leçon. — § III. **Formes de la proposition.**

93 *Sous combien de formes peut se présenter la proposition?*

La proposition est :

1° Directe, quand les termes sont placés dans l'ordre suivant : sujet, verbe, attribut. *L'homme de bien est estimé de tous.*

2° Inverse, dans le cas contraire. *Faites pénitence disait Jésus-Christ.*

3° Pleine ou complète, quand tous les termes sont exprimés.

4° Elliptique, lorsque tous les termes ne sont pas exprimés. *Celui qui rend un service doit l'oublier; celui qui le reçoit* (doit) *s'en souvenir.*

5° Explétive, lorsqu'il y a pléonasme, c'est-à-dire lorsqu'elle contient quelque mot qui est la répétition surabondante de l'un des termes de la proposition. *Dieu, lui,* ne peut nous tromper.

6° Implicite, quand, sans ellipse, elle est exprimée par un seul mot. *Ha!* nous voici arrivés. — *Ha!* signifie *je suis heureux* et forme à lui seul une proposition.

48e Leçon. — De la ponctuation.

94 *Quels sont les signes de ponctuation?*

Les signes de ponctuation sont la *virgule,* le *point-virgule,* les *deux points,* le *point simple,* le *point interrogatif,* le *point exclamatif* et les *points suspensifs.*

95 *Quand emploie-t-on la virgule?*

On emploie la virgule:
1° Entre les différents sujets d'un même verbe.
2° Entre les différents attributs d'un même nom.
3° Entre les régimes de même nature, à moins qu'ils ne soient unis par *et, ou, ni.*
4° La proposition incidente explicative se met entre deux virgules.
5° Pour remplacer un verbe sous-entendu. *On a toujours raison; le destin, toujours tort.*
6° Entre les propositions de peu d'étendue. *L'air siffle, le ciel gronde.*

96. *Quand emploie-t-on le point-virgule?*

Le point-virgule s'emploie pour séparer les parties d'une phrase liées par le sens, pour séparer des propositions semblables d'une certaine étendue. *L'économie est, sans doute, une grande vertu; mais elle ne doit pas dégénérer en faiblesse.*

97 *Quand emploie-t-on les deux points?*

Les deux points s'emploient :

1º Avant une citation. *Dieu dit : que le soleil soit.*

2º Après une proposition ayant un sens complet, mais cependant suivie d'une autre qui la développe: *Il faut, autant qu'on le peut, obliger tout le monde: on a souvent besoin d'un plus petit que soi.*

98 *Quand emploie-t-on le point simple?*

Le point simple s'emploie après une phrase entièrement terminée.

99 *Quand emploie-t-on le point interrogatif?*

Le point interrogatif s'emploie à la fin des phrases exprimant une interrogation. *Votre frère est-il parti?*

100 *Quand emploie-t-on le point exclamatif?*

Le point exclamatif s'emploie après les interjections et les phrases exprimant l'admiration. *Que le Seigneur est bon !*

101 *Quand emploie-t-on les points suspensifs?*

On emploie les points suspensifs pour marquer la suspension, l'interruption du sens de la phrase.

102 *N'y a-t-il pas encore d'autres figures de ponctuation?*

Il y a encore le tiret ou trait de séparation, la parenthèse et les guillemets.

103 *Quand emploie-t-on le tiret?*

On emploie le tiret pour marquer le changement [d'in]terlocuteurs.

104 *Quand emploie-t-on la parenthèse?*

On emploie la parenthèse pour renfermer des [mots] qu'on peut détacher de la phrase.

105 *Quand emploie-t-on les guillemets?*

On emploie les guillemets au commencement [et à la] fin d'une citation et quelquefois même au comm[ence]ment de chaque ligne de cette citation.

FIN DE LA GRAMMAIRE.

Chartres. — Imprimerie Durand frères.

OUVRAGES DU MÊME AUTEUR

HISTOIRE SAINTE ET HISTOIRE DE FRANCE.

NOTIONS DE GÉOGRAPHIE.

NOTIONS DE SYSTÈME MÉTRIQUE ET DE DESSIN LINÉAIRE.